AF247641

Voyage de LL. MM. l'Empereur et l'Impératrice

DANS LE NORD DE LA FRANCE

VOYAGE

DE

LL. MM. L'EMPEREUR ET L'IMPÉRATRICE

DANS LE NORD DE LA FRANCE

ARRAS

LILLE, DUNKERQUE, ROUBAIX, TOURCOING

AMIENS

Par le Baron de SÈDE

ANCIEN MAGISTRAT

CHEF DE LA DIVISION DES TRAVAUX PUBLICS A LA PRÉFECTURE DU PAS-DE-CALAIS

MEMBRE DE PLUSIEURS ACADÉMIES, ETC

ARRAS

TYPOGRAPHIE D'AUGUSTE TIERNY, RUE DU VENT-DE-BISE

1867

VOYAGE

DE LEURS MAJESTÉS IMPÉRIALES

Dans le Nord de la France.

———✦———

ARRAS.

Invitation à Leurs Majestés Impériales par le Conseil municipal d'Arras.

La ville d'Arras avait conservé un profond et sympathique souvenir de la première visite qu'elle reçut de l'Empereur et de l'Impératrice, au début de leur union, et dès qu'on apprit qu'il était question d'un voyage à Lille, le Conseil municipal chargea une députation nombreuse d'exprimer le vif désir qu'aurait la capitale de l'Artois de revoir encore Leurs Majestés dans ses murs.

Cette députation, à laquelle s'adjoignirent les membres du Corps législatif et les Conseillers généraux du Pas-de-Calais présents à Paris, fut, par suite d'une légère indisposition de l'Empereur, reçue aux Tuileries par S. M. l'Impératrice et présentée par M. Alph. Paillard, Préfet du département.

Sa Majesté daigna répondre, avec cette grâce incomparable et cette mémoire du cœur qui ne lui font jamais défaut, à M. Plichon, Maire d'Arras, qui avait été l'organe heureux et éloquent de la cité, qu'elle n'avait pas oublié son premier séjour dans cette ville et que, très-certainement, si les circonstances se prêtaient au voyage de Lille, le chef-lieu du Pas-de-Calais ne serait pas oublié.

Toutefois, les exigences de cette grande et noble hospitalité, donnée alors par la France à tous les souverains de l'Europe ne permettaient pas encore à l'Empereur et à l'Impératrice de se prononcer définitivement sur le voyage projeté, et notre députation ne rapporta que de simples espérances.

Ces espérances, cependant, bien qu'elles ne fussent pas une certitude, suffirent pour hâter les préparatifs de la ville, qui tenait à honneur de manifester aux augustes voyageurs son affectueux dévoûment.

Quoiqu'il ne fut pas entièrement achevé, on pensa que ce serait une gloire pour le vieil Hôtel-de-Ville agrandi et restauré, d'inscrire dans ses fastes une nouvelle et mémorable date, et de voir ses splendeurs rajeunies inaugurées par la visite de Leurs Majestés. L'on redoubla donc d'activité afin que les grands appartéments pussent être achevés avant le 26 août, date assignée au voyage de Lille.

M. le Préfet se prêta, avec la meilleure grâce, à ce vœu si légitime des habitants d'Arras de donner dans leur palais municipal une cordiale hospitalité aux hôtes illustres qu'attendait la ville. Contrairement aux usages adoptés, lorsque l'on sut que Leurs Majestés ne pourraient favoriser Arras que d'une trop courte visite de deux heures, l'Hôtel-de-Ville fut substitué à la Préfecture pour les réceptions officielles.

On avait craint, un instant, que le séjour des voyageurs bien-aimés, que le Pas-de-Calais attendait avec une si vive et si affectueuse impatience, ne se bornât à un simple arrêt dans la gare.

Comment, dans ce cas, permettre à ces flots de population accourus de toutes parts, à ces habitants dévoués et jaloux de témoigner ce dévoûment par des signes extérieurs, de contempler et d'acclamer les Souverains ? Comment grouper dans un espace restreint toutes ces députations, tous ces corps constitués, tous ces fonctionnaires qui retrempent dans un bienveillant regard le zèle nécessaire à leur ingrat labeur ?

Il y eut un instant de découragement et de profonds regrets : si l'on comprenait la rapidité nécessaire du voyage, on sentait aussi, que pour l'Empereur et l'Impératrice, cette réception restreinte et refroidie, ne pourrait traduire les vrais sentiments du pays. En regrettant pour soi-même une profonde joie, la ville d'Arras regrettait surtout celle qu'il lui aurait été si doux de donner à ses augustes visiteurs.

M. le Préfet se fît l'interprète de ces regrets et des vœux de toute la population. Il eût la satisfaction d'obtenir que Leurs Majestés daigneraient entrer dans la ville et permettre au sentiment public d'affirmer, avec énergie, l'ardeur de son patriotisme et d'une affection telle qu'après quinze ans de règne, l'Empereur pût se croire encore au début de cette glorieuse mission, accueillie partout comme une manifestation visible des vues providentielles, et que huit millions d'hommes consacraient entre ses mains.

Leurs Majestés condescendirent aux désirs des habitants d'Arras et n'eurent point à le regretter.

Bien qu'entre le jour où cette heureuse nouvelle parvînt et celui du passage des Souverains les instants fussent comptés, on voulut donner aux apprêts de la fête tout l'éclat possible. Une indescriptible activité s'empara de tout le monde, et l'on vit se reproduire, dans une ville de province, les miracles que le travail parisien a seul le secret d'opérer.

Par une délicatesse du cœur et un sentiment du juste orgueil de ses ressources, la ville d'Arras n'avait rien voulu emprunter à ce luxe banal que les entrepreneurs de fêtes publiques promènent dans toute la France, et que les augustes voyageurs peuvent reconnaître à chaque nouvelle étape.

Le trésor municipal s'ouvrait, avec joie, pour fêter ses hôtes et s'en remettait à ses magistrats du soin de *bien faire les choses* comme on dit vulgairement, mais excellemment dans la vieille province d'Artois.

Du reste, toutes les forces individuelles se groupaient, en un robuste faisceau, pour compléter et agrandir l'œuvre municipale.

C'est grâce à cette alliance, à cet élan général, à cette entente

:qui ne s'est pas un instant démentie que la ville d'Arras a pû offrir, dans ses rues, unesérie de décorations originales et magnifiques, dont la splendeur n'a point été égalée ailleurs,

Cette individualité qu'elle a tenu à conserver se manifeste, également, dans ses monuments, dans sa physionomie et dans les allures mêmes de sa population.

Ancienne ville espagnole, elle a conservé, en devenant française, quelque chose de son passé : ce n'est point encore tout-à-fait la Flandre, mais ce n'est déjà plus la France de Paris. Il y a un mélange de grandeur, d'orgueil hidalgo, de simplicité et de franchise, une sorte de naïveté de bon aloi qu'on trouve rarement au même degré.

L'artésien est naturellement froid, circonspect et digne. Mais il sent vivement et trouve, à ses heures, des élans d'enthousiasme qui font un singulier contraste avec le calme habituel de son attitude. Il fut facile d'en juger le 26 août.

Les provinces du nord de la France ont conservé le pieux usage de fêter l'anniversaire de leur réunion à ce pays. Théâtre longtemps dévasté de la rivalité de la Flandre et de l'Espagne, tour à tour conquises et perdues, elles ont vivement ressenti les bienfaits de leur nationalité nouvelle et définitive, lorsque, le vieil édifice du passé s'écroulant, elles furent associées à cette vie de liberté et de grandeur, dont la révolution de 89 donna le signal. Sans doute, là aussi, l'émancipation humaine eût à subir les douleurs et quelquefois la honte de sinistres excès. Un nom abhorré, celui de Joseph Lebon, a laissé dans l'histoire d'Arras une trace sanglante, et l'un de ses enfants, Robespierre, est tristement monté à cette immortalité que l'histoire inflige, comme un châtiment, aux malfaiteurs de l'humanité.

Mais, si la douleur est le propre de tous les grands enfantements, l'Artois régénéré et comme racheté par celle de cette lugubre période, s'unît étroitement à sa nouvelle patrie, paya largement son tribut de sacrifices et de gloire pendant les luttes gigantesques de l'Empire, et se montra depuis, au milieu des orages et des convulsions de nos crises politiques, toujours guidé par des sentiments élevés de sagesse, de modération et de patriotisme.

Ses honnêtes et laborieuses populations tiennent à l'aisance vaillamment acquise dans les travaux patients de la terre et de l'industrie : elles ont eû, des premières, le pressentiment des jours de calme, d'ordre, de prospérité que l'Empire promettait à la France et se sont toujours distinguées par leur attachement à l'élu du 10 décembre.

Elles ont le sens pratique trop profondément développé, et les propres souvenirs de leur histoire leur montrent de trop fréquentes calamités, pour ignorer que la prospérité publique peut avoir quelques intermittences ; mais elles savent aussi que les grandes nations et les grands souverains ne se laissent point abattre , et elles remercient sincèrement la Providence des biens visibles dont elle a comblé notre pays et que ne peuvent sérieusement amoindrir la cherté, passagère il faut l'espérer, des subsistances, et les quelques points noirs que la parole pittoresque et sincère à la fois du Souverain devait, elle-même, signaler dans notre horizon.

Elles tenaient donc, ces nombreuses et riches populations, à dire à l'Empereur que, dans la mesure du possible, il avait bien mérité de la France, pendant ces quinze années d'un règne qui, tout en rajeunissant et retrempant notre gloire militaire, sans ralentir les progrès pacifiques et merveilleux de notre agriculture, de notre industrie, de notre commerce, avait si hautement et si brillamment affirmé notre supériorité aux yeux du monde entier, dans cette lutte pacifique et courtoise du Champ de Mars, devenu le rendez-vous de toutes les splendeurs de la paix.

Elles ne méconnaissaient peut-être pas, dans le passé, quelques erreurs et quelques fautes. Mais elles savaient que l'humamité, si grande qu'elle soit, ne peut les éviter absolument. Si les diffficultés de la politique les préoccupaient, elles n'ignoraient pas que le Souverain en porte plus directement encore qu'elles-mêmes le poids et les soucis. Elles voulaient donc à la fois le remercier et l'encourager dans son œuvre ; elles voulaient crier bien haut le mot de *confiance*, afin de lui montrer le pays avec lui et pour lui.

Mais quelque chose de plus intime et de plus doux se mêlait à ces ardentes manifestations. S'il existe une princesse populaire et dont la grâce touchante et le grand cœur soient compris de la France, c'est assurément l'Impératrice. Il n'est point de hameau où son nom ne soit béni. Grandie par l'humilité et la charité plus que par les splendeurs du trône, depuis le jour où, mettant dans le tronc de l'aumône les richesses de sa corbeille de mariée, elle a soulevé un long concert de louanges et de reconnaissance, elle a pu compter chaque heure de son règne par un nouveau bienfait.

L'histoire dira la part active, intelligente, de cette noble femme aux grandes affaires du pays. Elle rappellera la rectitude et les lumières de son esprit ; mais elle n'élèvera jamais ses accents au diapason du sentiment public. A Arras surtout, presqu'aux portes de cette ville où la sœur de charité couronnée était venue, de ses propres mains, apporter des secours aux victimes d'une cruelle épidémie, le nom de la sainte Impératrice était particulièrement acclamé et béni. On allait saluer en elle l'ange de la bienfaisance, la courageuse Souveraine qui n'avait craint ni pour elle-même, ni pour son mari, ni pour son fils idolâtré, les miasmes pestilentiels qu'elle pouvait leur apporter dans un pli de ses vêtements.

Quel héroïsme s'éleva jamais plus haut? On brave la mort quand elle ne menace que soi : mais l'affronter pour un époux, pour un fils ; lorsque cet époux est l'Empereur des Français, lorsque ce fils est l'unique rejeton d'une race, le seul espoir d'un grand pays !... n'est-ce pas le comble de l'abnégation ?

Le cœur des femmes, le cœur des mères le comprend ; il est impatient de faire déborder les transports de son admiration, de son enthousiasme.... Et l'on attend pour l'acclamer la femme que l'amour populaire appelle déjà *Sainte Eugénie.* (1)

---

(1) Nous avons entendu une dame d'esprit et de cœur, appartenant

Arrivée de Leurs Majestés à la Gare.

Ces sentiments, qui éclataient dans tous les cœurs, avaient heureusement inspiré le Maire d'Arras, dans l'éloquent et patriotique discours qu'il prononça, en remettant à l'Empereur les clés de la ville.

Tandis que le canon et toutes les cloches sonnaient leurs pacifiques et joyeuses volées, et que des frémissements d'impatience agitaient, dans la rue et sur les places, la foule de plus en plus grandissante et émue, l'honorable magistrat, disait à l'Empereur : (1)

« Sire,

» Rentrées des dernières au sein de la grande famille nationale, mais de tout temps françaises par le cœur, nos provinces aiment à voir les fêtes qu'elles ont instituées pour célébrer le glorieux anniversaire de leur réunion à la France, emprunter un nouveau lustre à votre présence, car pour elles l'amour et la pensée de la patrie ne se séparent pas de leur attachement à votre personne.

» Vous n'avez, elles le savent, douté ni de la force ni de la sagesse de la France, soit quand il s'est agi d'aider des peuples amis à défendre leur indépendance ou à la fonder, soit quand, abaissant les barrières qui entravaient encore les échanges à nos frontières, vous avez imprimé un mouvement plus hardi aux efforts du commerce et de l'industrie nationale, soit, enfin, quand, développant progressivement nos institutions politiques, vous

par sa naissance et par ses relations à l'aristocratie du pays, donner ce nom à l'Impératrice.

(1) L'étroite limite du temps dont on pouvait disposer avait nécessité de nombreuses coupures, et abréviations dans le discours du Maire d'Arras. Nous croyons à propos d'en rétablir le texte complet qui, d'ailleurs, avait été soumis à Sa Majesté et avait mérité sa haute approbation *(Voir l'annexe A)*.

avez fait avancer la nation, toujours davantage, vers l'union désirable et difficile du pouvoir et de la liberté.

» Puisse le spectacle de sa puissance pacifique, élevée si haut sous votre règne, inspirer à ceux qui président aux destinées des peuples, avec le juste sentiment de ses forces, des pensées de concorde à l'égard de notre pays !

» La France est assez grande pour ne se point sentir diminuée, quelque transformation qui s'opère par delà ses limites, et pour souhaiter la paix avec dignité. Son honneur ne sera jamais en péril sous le sceptre d'un Napoléon.

» Madame,

» Les souvenirs et les vœux de cette cité tout entière n'ont jamais cessé de vous accompagner depuis le jour où vous vous y êtes arrêtée pour la première fois.

» Ils vous suivaient quand, il y a une année à peine, presque à nos portes, vous veniez rassurer par votre présence les populations que désolait un fléau destructeur.

» Grâce au ciel, Dieu veille sur les princesses qui, de la grandeur souveraine ne réclament d'autre privilège que celui de braver les périls des plus austères devoirs, et trouvent leur récompense dans les bénédictions des peuples qui prennent exemple sur leurs vertus.

» Sire,
» Madame,

» En vous exprimant aujourd'hui les sentiments de respectueuse fidélité qui animent tous les cœurs dans la vieille cité artésienne, permettez-nous de reporter aussi notre pensée vers ce jeune Prince qui, formé à de tels exemples, digne du nom qu'il porte, continuera les nobles traditions de sa Maison.

» Un présent glorieux ne suffit pas à un grand peuple, il veut un lendemain, et le Prince Impérial, c'est l'avenir de la France.

» *Vive l'Empereur !*
» *Vive l'Impératrice !*
» *Vive le Prince Impérial !* »

L'Empereur a répondu :

« Monsieur le Maire,

» Je me retrouve avec plaisir au milieu de vous après un si
» long espace de temps, et j'ai saisi avec empressement l'occa-
» sion d'une fête nationale pour venir connaître vos désirs et
» vous assurer que ma sollicitude pour tous les intérêts du pays
» ne vous manquera jamais.

» Vous avez raison d'avoir confiance dans l'avenir, il n'y a
» que les gouvernements faibles qui cherchent dans les com-
» plications extérieures une diversion aux embarras de l'inté-
» rieur. Mais quand on puise sa force dans la masse de la
» nation, on n'a qu'à faire son devoir, à satisfaire aux intérêts
» permanents du pays, et, tout en maintenant haut le drapeau
» national, on ne se laisse pas aller à des entraînements intem-
» pestifs, quelque patriotiques qu'ils soient.

» Je vous remercie des sentiments que vous m'exprimez pour
» l'Impératrice et pour mon Fils. Soyez sûr qu'ils partagent
» mon dévoûment pour la France, et que leur plus grand bon-
» heur serait de faire cesser toutes les misères et soulager toutes
» les infortunes. »

Ces mémorables discours ont été trop commentés, dans la
presse politique, pour que nous ayons ici à en faire ressortir
l'importance.

Parmi toutes les harangues officielles, celle du Maire d'Arras
est à peu près la seule qui, franchissant le cercle toujours un
peu étroit des sentiments et des intérêts locaux, ait rattaché
ceux-ci à ces grands et puissants intérêts de la patrie tout entière.

Au lendemain de l'entrevue de Salzbourg, que l'Europe attentive et inquiète commentait si diversement, tant il est vrai
que le moindre mouvement de la France tient encore en sus-
pens l'équilibre du monde, les déclarations à la fois patriotiques
et pacifiques de l'Empereur devaient avoir une immense portée,

et elles resteront comme une page mémorable dans l'histoire d'Arras et dans celle de la France.

Il serait difficile de peindre les sentiments qui agitaient les hauts magistrats et les corps constitués, qui avaient eu l'honneur de recevoir LL. MM. à la gare et qui recueillaient, les premiers, ces solennelles paroles du chef de l'Etat.

Une immense acclamation retentit et se calmait à peine, lorsque le Préfet présenta successivement à Leurs Majestés les fonctionnaires que leur rang appelait à les recevoir.

C'étaient, indépendamment du Conseil général et du Conseil municipal d'Arras, tout entiers, M. le général de Bellecourt, commandant la subdivision militaire, M. Christian Gardin, président du tribunal civil ; M. M. Colin, président du tribunal de commerce ; M. Hastron, secrétaire général de la Préfecture.

Le cortége impérial se mit ensuite en marche dans l'ordre suivant :

Deux piqueurs à la livrée de Leurs Majestés ;

Un peloton de gendarmes, commandé par un officier supérieur ;

Un détachement d'artilleurs à cheval ;

La voiture impériale, dans laquelle se trouvaient, au fond, LL. MM. l'Empereur à droite et l'Impératrice à gauche.

Sur le devant, les généraux de division Fleury, grand écuyer et de Failly, aide-de-camp.

Dans les trois voitures suivantes on remarquait MM^{mes} de Sancy et Carette, (la charmante Mlle Bouvet), dames de l'Impératrice, et Mlle de Bloeckler, demoiselle d'honneur ; MM. le marquis d'Havrincourt, chambellan, le baron de Pierres, premier écuyer de l'Impératrice, le baron Morio de l'Isle, préfet du Palais, le capitaine Dreysse, officier d'ordonnance de l'Empereur, le capitaine Castaigne, le marquis de Fiennes, chambellan de l'Impératrice, et M. Piétri, secrétaire particulier de l'Empereur.

Entrée de Leurs Majestés dans la ville d'Arras.

Dès leur sortie de la gare, l'Empereur et l'Impératrice purent

juger non-seulement de l'enthousiasme des populations éche-
lonnées sur leur passage, hors des murs, mais encore des immenses préparatifs faits sur tout le parcours de leur cortége.

Une longue avenue de mats vénitiens, ornés de banderolles flot-
tantes, aux couleurs nationales, conduisait à un arc-de-triomphe
construit dans les proportions les plus grandioses et les plus mo-
numentales et qui dépassait de beaucoup la hauteur des portes
de la ville.

Cet arc-de-triomphe, orné de drapeaux et rappelant l'architecture de la renaissance, offrait les chiffres enlacés de l'Empereur
et de l'Impératrice. Il portait l'inscription suivante :

A Napoléon III, la ville d'Arras.

Le coup-d'œil de la route, ainsi transformée en avenue triomphale, le mouvement de la foule, les cris sympathiques du
peuple, le bruit sourd et lointain du canon, l'incomparable éclat
de cette troupe sans rivale des Cent-gardes, qui formait l'escorte
de l'Empereur, la limpidité d'un ciel resplendissant et qui semblait sourire à la fête, tout concourait à donner à l'entrée de
Leurs Majestés un caractère de solennelle grandeur que rehaus-
saient heureusement les divers accessoires. Mais ce qui domi-
nait tout, ce qui faisait oublier les superbes décors pour con-
centrer les regards et les cœurs vers cette voiture découverte
qui transportait les Souverains, c'est cette affabilité calme à la
fois et souriante de l'Empereur, cette grâce attractive de l'Impératrice.

Malgré les fatigues du Pouvoir ; malgré les émotions qui venaient d'agiter son cœur de mère et, plus récemment encore,
d'effrayer son âme d'épouse et de souveraine ; malgré les fêtes
si pénibles pour eux que leur rang y condamne sans cesse ; malgré les augustes et nombreuses visites, qui lui avaient si souvent
imposé les soins d'une hospitalité attentive envers tous les Souverains de l'Europe ; malgré ce dernier et si long voyage de
Salzbourg ; enfin, malgré la lassitude et la chaleur de ce
jour même, l'Impératrice, heureuse et parée, semblait n'avoir

pris au temps, depuis son dernier séjour dans nos contrées, c'est-à-dire depuis quinze ans, que l'auréole éclatante d'une vertu toujours plus admirée.

La pureté harmonieuse de ce visage, qui semble sculpté dans le marbre le plus immaculé par le plus immortel des Phidias antiques ; l'incomparable beauté des lignes et du teint, et, par-dessus tout, les séductions irrésistibles du sourire et du regard, présentaient à la foule, avide de les contempler, et si généreusement payée de son enthousiasme, le type le plus complet de la beauté et de la bonté que l'imagination puisse rêver.

Cette beauté resplendissante de la femme était rehaussée encore par une toilette, aussi simple que brillante, et surtout adaptée au type merveilleux des traits de Sa Majesté.

Elle portait une robe d'une riche étoffe de soie bleue, décolletée et recouverte, sur les épaules et sur la jupe, de magnifiques dentelles, dont nous n'oserions garantir la provenance, mais qui nous ont semblé être en point d'Alençon. Le chapeau et l'ombrelle étaient assortis, et nous ne serions point éloigné de penser, d'après ce qu'ont rapporté les journaux, que cette toilette était précisément celle que l'Impératrice avait revêtue à son arrivée à Salzbourg. Ainsi, par une attention délicate, la première ville française où S. M. s'arrêtait, dans son voyage du Nord, devait être, sous ce rapport, traitée avec la même distinction que l'une des cours les plus importantes de l'Europe.

C'est cette même toilette qui devait encore, le soir, être si gaiement sacrifiée, ainsi que l'auguste femme qui la portait, à l'orage violent par lequel l'entrée à Lille aurait été attristée, si les inspirations généreuses du cœur et l'à-propos qu'on y puise n'avaient transformé en un vrai triomphe un accident vulgaire.

LL. MM. pénétrèrent en ville, après avoir franchi la porte Napoléon, qui avait aussi été richement pavoisée.

En voyant ce monument nouveau, cet accès facile et sûr à la fois d'une grande place de guerre, l'Empereur pût se souvenir du vieil édifice qu'il avait trouvé à cette même place, il y a quinze ans, des difficultés de la circulation sur ce point et des ordres donnés par lui pour faire remplacer par une voie plus commode et plus large, les étroits et tortueux détours de l'ancienne porte Ronville.

Il pût constater, aussi, que là reconnaissance publique n'avait point hésité à consacrer la mémoire de cette auguste et bienfaisante intervention, en substituant aux souvenirs de toute une vieille et longue histoire, où le nom de la porte Ronville se présente si fréquemment, celui du généreux fondateur de la nouvelle porte.

Rues Ronville et Ernestale.

On peut dire, sans exagération, que le spectacle qui s'offrit alors aux Augustes voyageurs, était véritablement féérique. A la beauté des édifices particuliers, qui bordent la rue Ronville et qui tous étaient richement décorés, se joignait une magnifique avenue de trophées de tous genres, surmontés de mâts et couverts de drapeaux et de banderolles. Rien n'était oublié dans cette multitude de monuments où les emblêmes des arts, des armes, des sciences, de l'agriculture, de l'industrie, se mariaient dans un ordre élégant et symétrique.

La profusion et l'éclat de ces ornements abrégeaient la longue distance qui sépare l'entrée de la ville du cercle de la Concorde, en face duquel un second arc-de-triomphe, rappelant l'architecture antique, et tout blanc et or avait été dressé. Il formait le fond du premier tableau ménagé, dans l'intérieur de la ville, aux regards des Illustres visiteurs ; mais il ne dût pas tellement absorber leur attention, qu'elle ne se portât sur les constructions hardies de l'église des Ursulines, dont la flèche élancée rappelle un ancien monument et une pieuse légende du vieil Arras.

Cette chapelle, due à la riche et féconde imagination d'un architecte dont les œuvres ont pu être discutées, mais dont il est impossible de contester le talent, est la reproduction d'un édifice consacré au souvenir de la sainte et miraculeuse chandelle d'Arras.

Nous regrettons que les exigences de l'étiquette n'aient pas permis au Préfet du département et au Maire de la ville d'accompagner Leurs Majestés et de leur expliquer soit le sens de certaines manifestations, soit, *de visu*, l'origine de certains monuments ou la nécessité de certains travaux. On eût, peut-être édifié alors la piété de l'Impératrice, par le récit de cette touchante légende de la Sainte-Chandelle, qui rappelle involontairement les souvenirs du dévoûment d'Amiens. En 1105, une cruelle épidémie ravageait Arras ; le courage civil n'avait, sans doute, pas alors les héros que les calamités récentes ont révélés ; les secours manquaient aux malades et les cadavres amoncelés restaient sans sépulture. Le saint Evêque Lambert s'abîmait dans les austérités, le jeûne et la prière. Il passait ses journées et ses nuits, implorant pour son troupeau la miséricorde divine, lorsque de célestes clartés illuminant, tout à coup, l'autel devant lequel il était agenouillé, une femme resplendissante de beauté apparut et lui remit un cierge miraculeux. Cette femme, c'était la mère des affligés, la Vierge sainte et auxiliatrice. Aussitôt, le fléau disparut, et, plus tard, au XIIIe siècle, la piété reconnaissante des Artésiens élevait sur la petite Place une chapelle, dont la flèche était l'exacte reproduction du cierge béni, précieusement conservé.

Renversée par le vandalisme impie de la Révolution, cette flèche vient de revivre sur les dessins de M. Grigny et n'est pas l'un des moindres ornements de la ville d'Arras.

Il faut connaître la légende et savoir que l'architecte a voulu et a sû bâtir un cierge colossal pour apprécier, à sa juste valeur, une œuvre qui s'écarte des données habituelles de l'architecture, mais qui révèle une hardiesse et un bonheur d'exécution hors ligne (1).

---

(1) Il y a quelques années, à la demande d'une charmante jeune fille artésienne, qu'on élevait pieusement à l'ombre de cette église naissante, nous avons essayé de peindre les sentiments qu'elle nous inspirait. *(Voir l'annexe B)*.

Ajoutons que des mains pieuses ont préservé ce qui restait du cierge divin et que ses saintes parcelles sont conservées dans un magnifique reliquaire, œuvre d'art du plus haut prix, dans la chapelle de Mgr l'Evêque d'Arras.

C'est vers la cathédrale où ce digne prélat les attendait, que Leurs Majestés Impériales se dirigèrent d'abord, voulant attester bien haut l'esprit de foi qui les anime et les soutient dans les voies difficiles du Pouvoir.

Il fallait parcourir pour se rendre à l'insigne basilique de Notre-Dame de l'Assomption, la rue Ernestale dont la décoration se distinguait par d'élégants baldaquins de gaze verte (couleur de l'Empereur), d'où pendaient de vastes draperies rattachées aux maisons, et d'un effet gracieux et léger.

La marche du cortége était assez lente pour permettre aux Souverains de remarquer la belle Salle des Concerts, bâtie dans cette rue, et due primitivement à l'administration intelligente du baron de Hautecloque, pendant la Restauration, puis en grande partie reconstruite, peu de temps après la première visite de l'Empereur, sous cette administration active et vigilante de M. Plichon, dont les traces se retrouvent partout.

Places du Théâtre et de la Madeleine.

La place du Théâtre, où la foule, moins contenue que dans les rues plus étroites parcourues jusqu'alors, offrait une animation particulière, se distinguait par un monument dont il faut plus admirer l'intention que l'exécution. Il est assurément difficile d'arriver à des proportions grandioses avec les seuls engins fournis par le matériel des pompes à incendie, et c'était tenter un tour de force que d'essayer la solution d'un semblable problème. On y a réussi, dans la mesure du possible, et le regard satisfait des Augustes voyageurs a dû payer bien des labeurs ignorés et bien des dévoûments obscurs, dont notre brave et belle compagnie est si riche et à la fois si prodigue.

Le monument dû à son zèle cachait un peu la belle et correcte

façade du Théâtre, dont on ne tient pas assez compte générale-
ment, et qui se fait remarquer par une sobriété d'ornements
s'alliant à l'élégance et à l'harmonie des lignes.

Ce n'est pas à propos des réjouissances et de l'allégresse du 26
août 1867 qu'il conviendrait d'exhumer les tristes souvenirs de
93, que cette place rappelle involontairement. Toutefois, n'ou-
blions pas, en remontant le cours des âges, cette grande ombre
de femme, dont les anciens cachots du Châtelain gardent la mémoire. Tous les héroïsmes sont frères et Jeanne d'Arc a dû saluer Eugénie au passage ! (1)

En quittant la place du Théâtre, le cortège débouchait, par la
petite rue des Jongleurs, dans celle de la Madelaine et se trouvait immédiatement en face de ce splendide palais de St-Vaast,
témoignage debout encore de la puissance des grands ordres religieux, à la veille du cataclysme qui les emporta.

Il faudrait un volume pour effleurer, même à larges traits,
l'histoire de cette puissante et savante abbaye qui fournit aujourd'hui à la cité et sa Cathédrale, et son Palais épiscopal, et
son Grand-Séminaire, et son Musée, et sa Bibliothèque, et ses
Archives, et son Hôtel-de-Ville provisoire.

Immense construction où le luxe et l'austérité se confondent
et qui fait, à bon droit, l'admiration de tous les étrangers.

Quelques personnes avaient, un instant, songé soit à faire passer
Leurs Majestés par le jardin qu'une savante et coquette transformation vient de changer en un des squares les plus élégants et les
mieux dessinés de France, et dont la riche verdure apparaît souriante à travers les vastes grilles de clôture ; soit à les faire pé-
nétrer par ces cloîtres solennels et silencieux, où s'épanouit le
péristyle magistral qui servait, pour les moines, d'accès à la cathédrale et dont l'architecture rappelle le grand vestibule de
Versailles. Mais la pente du square était trop rapide pour les

---

(1) On assure que Jeanne d'Arc fut renfermée, pendant quelque temps,
dans la prison du Châtelain, sur l'emplacement et l'on peut même dire
les fondations de laquelle a été construite la Salle de Spectacle.

équipages de la Cour et l'on ne pouvait point introduire Leurs Majestés dans la Cathédrale par une porte secondaire. Le parcours adopté leur permettait, d'ailleurs, d'apercevoir l'ensemble des constructions, de remarquer la belle restauration de la porte d'honneur due au talent de M. Epellet, architecte diocésain, qui a eû le bon goût de ne pas défigurer l'œuvre primitive ; d'embrasser d'un coup-d'œil la grande façade et le jardin ; enfin, de contempler, à leur gauche, sur la place de la Madelaine, un vaste trophée où se groupaient, dans un triple monument, tous les produits de notre riche agriculture.

Les membres du bureau et de la Société centrale se tenaient auprès des échantillons, si artistement accumulés, de leurs récoltes, et durent se sentir profondément émus lorsque Sa Majesté donna l'ordre à sa voiture de s'arrêter, afin de mieux voir et de mieux juger ces objets si nombreux, si variés, et qui représentent une si large part de la fortune publique.

A défaut de discours, les cris enthousiastes de tous les cultivateurs attestaient à l'Empereur qu'il était toujours l'élu des campagnes, et il pût lire sur deux cartouches les dates mémorables des deux décisions qui avaient assuré, d'abord l'achèvement des chemins vicinaux d'intérêt collectif et, il y a quelques jours à peine, celui des chemins vicinaux ordinaires.

Si *paturaige* et *labouraige* étaient, au temps du bon roi Henri, les deux mamelles de l'Etat, aujourd'hui les chemins sont les artères qui font circuler tous les sucs nourriciers vers le cœur de la ferme, d'où ils se répandent ensuite partout.

Nulle part plus que dans le Pas-de-Calais, la sage mesure de l'Empereur ne pouvait rencontrer un accueil empressé et sympathique. C'était aller droit à l'âme de nos populations rurales ; c'était deviner leurs aspirations et répondre à leur pensée, disons-même à leurs sacrifices intelligents ; car, sur bien des points, elles avaient, par une sorte d'initiative spontanée, commencé la grande œuvre du 15 août et trouvé déjà, depuis quelques années, auprès du Conseil général, un commencement de cette haute protection que l'intervention souveraine va rendre si efficace et si féconde.

Nos cultivateurs ont compris, de bonne heure, les immenses avantages d'un système complet et perfectionné de communications. Admirablement organisée sous un Préfet dont le nom, par ce motif, est resté populaire dans le pays, M. Desmousseaux de Givré, l'administration vicinale a largement concouru à cette amélioration des campagnes qui, selon la noble et vraie parole de l'Empereur, importe encore plus à la prospérité du pays que l'embellissement des cités. Elle n'a marchandé ni son zèle, ni ses fatigues, ni son intelligence ; et son personnel, aussi savant que modeste, habilement dirigé, depuis près de vingt ans par l'honorable M. Cavrois, s'est toujours montré à la hauteur de la grande mission qu'il avait à remplir.

Aussi, nous sommes au premier rang de tous les départements de la France, au point de vue des chemins vicinaux comme sous beaucoup d'autres rapports, et nos agriculteurs, aidés par ces puissants instruments de succès, marchent à la tête de cette armée pacifique du progrès, qui sait si bien où et comment se découvrent les véritables sources de la richesse.

Il suffisait de contempler l'espèce d'exposition sommaire de nos produits, qui ont si honorablement figuré à Paris, pour en remarquer la variété et la qualité supérieure.

Station à la Cathédrale.

L'Empereur semblait prendre un plaisir particulier à cet examen, et Il y eût, peu-être, oublié la marche trop rapide du temps, si, avant qu'il n'en eût donné l'ordre et tandis que son attention était encore absorbée, sa voiture n'était repartie. Elle arriva dans la rue des Teinturiers, magnifiquement ornée par les bonnes Sœurs de St-Vincent-de-Paul, puis au grand perron de la Cathédrale, sur lequel étaient réunies les députations des principales villes du département. Boulogne, Saint-Omer, Béthune, Saint-Pol, Bapaume, Aire, Lillers, etc., avaient là de dignes repré_ sentants. Les bannières s'échelonnaient sur les nombreux degrés et les autorités municipales se mêlaient aux pompiers, dont la magnifique tenue rivalisait avec celle des troupes régulières.

Un pittoresque mélange donnait à l'aspect de ce perron une couleur originale et qui n'a pas dû échapper à l'examen des Augustes voyageurs.

Une foule de vieux et braves matelots, la poitrine couverte de vaillantes médailles, conquises dans des luttes terribles avec la mer et ses périls, était venue, au nom de nos rudes populations maritimes, saluer LL. MM. au passage. A côté d'eux, dans le voyant et singulier costume de leurs corporations, les *Dames* de la marine de Boulogne, de Calais, du Portel, déléguées aussi par leurs compagnes et s'alignant militairement, au premier rang, se montraient jalouses d'acclamer des Souverains aimés. Leur ambition allait plus loin, et d'immenses bouquets attestaient leur désir d'offrir à l'Impératrice un témoignage visible de leur tendresse et de leur respect. Malheureusement, les vastes corbeilles garnies de fleurs étaient trop volumineuses, pour qu'on pût songer à autres chose qu'à les montrer. D'ailleurs, des ordres formels s'opposaient à la remise directe de bouquets sur le passage du cortège et l'on ne sût rien imaginer de mieux que de faire part, à l'une des dames de la suite, de l'intention qui, dans les bonnes comme dans les mauvaises actions, doit être réputée pour le fait (1).

Il serait difficile de peindre l'enthousiasme, les cris, les acclamations, je dirai presque les transports qui éclatèrent à la vue de Leurs Majestés. Il faut, comme nous, avoir été témoin de cet électrique frisson qui parcourait la foule, de ce chaleureux hommage, pour en comprendre, sans pouvoir l'exprimer, la spontanéité et l'intensité.

---

(1) L'auteur de ce récit, qui était l'un des commissaires de la fête et qui avait dans ses attributions spéciales le perron de St-Vaast et la Cathédrale, se chargea, en conséquence, d'être auprès d'une des dames d'honneur, qui daigna l'écouter avec une gracieuse bienveillance, l'interprète du vœu des braves matelottes.

On eût dit que ces députations, forcément restreintes des chefs-lieux, avaient à cœur de trouver une voix assez puissante pour représenter le département tout entier. Ce fut à grand peine que les acclamations cessèrent, un instant, pour laisser à l'Evêque d'Arras, venu avec ses grands-vicaires, son chapitre et un nombreux clergé sur le perron de la Cathédrale recevoir et bénir Leurs Majestés, la possibilité de se faire entendre.

On sait avec quelle onction toute apostolique, avec quelle douce éloquence, reflet des plus hautes vertus chrétiennes, le Prélat, sorti des entrailles mêmes du pays et si profondément aimé de son troupeau, au double titre de pasteur et de compatriote, a l'habitude de s'exprimer. Mgr Lequette a trouvé, comme toujours, dans la simplicité même de ses accents, les notes véritablement émouvantes. Nous avons vu, tandis qu'il parlait, les yeux de l'Impératrice se mouiller de douces larmes, lorsqu'il nomma cet Enfant deux fois béni et que la France attend comme le continuateur de l'œuvre paternelle et des grandes qualités de sa Mère.

Voici, du reste, le texte même du discours de Monseigneur:

» Sire,

» Madame,

» Ayant l'insigne honneur de recevoir Vos Majestés à l'entrée de cette basilique où les conduit leur piété, je me reprocherais de donner à l'expression des sentiments du clergé un temps que ne permettent pas les trop courts instants dont elles daignent honorer la ville d'Arras. Il me suffira de dire que l'Evêque et ses prêtres comprennent et savent remplir avec fidélité les devoirs imposés par la Religion, dont ils sont les ministres, à l'égard de ceux que la divine Providence prépose au gouvernement des peuples. Ils seront heureux de pouvoir en donner aujourd'hui l'éclatant témoignage, lorsqu'entourant Vos Majestés prosternées dans le sanctuaire, ils solliciteront du Seigneur pour Elles les bénédictions les plus abondantes.

» Ces bénédictions, Sire, Madame, nous les demanderons

aussi non moins abondantes pour le Prince Impérial. Le clergé n'oublie pas qu'il est le filleul de Pie IX, et il s'en réjouit, parce qu'il sait que les prières, inspirées par cette paternité spirituelle au vicaire de Jésus-Christ, sont le gage le plus assuré de la protection dont le Ciel couvrira cet auguste Enfant, pour le bonheur de la France.

» Sire,

» A ce temple où vous allez entrer se rattache un grand souvenir. C'est Napoléon Ier qui l'a soustrait à l'arrêt de destruction dont il a été menacé. La tour, qui doit couronner ce monument sacré, est restée jusqu'ici inachevée. La ville d'Arras serait heureuse que l'érection de cette tour, accomplie sous le règne glorieux de Votre Majesté, lui permît d'associer dans un même sentiment de reconnaissance, le nom de Napoléon III à celui de Napoléon Ier. »

A plusieurs reprises, l'Empereur et l'Impératrice ont marqué la haute approbation qu'ils donnaient à ces remarquables paroles. C'est en souriant lui-même, que Monseigneur a terminé son discours, et que l'Empereur a pris immédiatement acte d'une demande déjà, très-certainement, accordée dans sa pensée. Au surplus, nous croyons avoir suffisamment retenu le sens de la réponse de l'Empereur, pour l'analyser ici :

Dans tous nos voyages, a-t-il dit, notre première visite est pour la Maison de Dieu. Nous savons trop combien sa protection nous est nécessaire pour ne pas l'implorer pour nous-mêmes, pour notre Fils et surtout pour la France. L'Impératrice et moi, nous vous remercions des bénédictions que vous donnez et des vœux que vous formez pour le Prince Impérial. J'ai la confiance qu'il répondra à l'attente du pays. J'aurais très-certainement à cœur de voir terminer la Cathédrale d'Arras : cela ne dépend pas uniquement de moi, mais j'espère que, l'année prochaine, les ressources du budget me permettront de répondre à votre désir.

Nous avons d'autant plus de motifs de l'espérer aussi, que les efforts généreux du pays lui-même allégeront pour le gouverne-ment le poids de cette entreprise. Le Conseil général donne déjà cinquante mille francs ; il doublera, peut-être, cette somme, et la piété des fidèles, qui ne sait pas résister aux sollicitations de son Evêque, apportera de son côté d'abondantes aumônes. On assu-rera ainsi le tiers, environ, de la dépense totale, et l'Etat n'aura plus guère à débourser que 4 ou 500,000 fr., qu'il sera facile d'obtenir du Corps législatif en 3 ou 4 ans.

Ainsi, l'édifice préservé de la ruine et rendu au culte par le Chef de la dynastie impériale, aura vu s'associer dans une même pensée la piété des deux Napoléon.

Il était digne du premier de conserver une église qui, par ses vastes proportions et la grandeur majestueuse de son ordon-nance, rappelle les plus beaux temples de l'Italie, comme il sera digne du troisième d'ajouter un dôme monumental à cette Ca-thédrale sans clocher.

S'il est des rapprochements remarquables dans les grandes choses, on en retrouve jusque dans les détails secondaires. Ainsi, le dais sous lequel Leurs Majestés s'étaient placées pour entendre le discours de Mgr l'Evêque est, nous a-t-on assuré, un présent fait à la Cathédrale d'Arras par l'Impératrice José-phine.

A plus de soixante ans de distance, la Grand'Mère et le Petit-Fils ont donc prié, sous les mêmes draperies, le Dieu qui protège la France.

Après le discours de l'Evêque et l'offrande de l'eau bénite à Leurs Majestés, le cortège pénétra processionnellement dans l'église où le clergé entonna le *Domine salvum fac Imperatorem*, chanté avec le talent et la puissance qui signalent les chœurs de la Maîtrise de notre Cathédrale.

Tandis que les Souverains s'avançaient vers l'estrade impé-riale surmontée d'un large baldaquin d'où descendaient d'im-menses rideaux ; à peine un instant contenus par la sainteté du lieu, les cris sympathiques de la foule retentissaient de nouveau sous les voûtes sonores de la Basilique, et traduisaient sponta-

-nément, en langue vulgaire, les prières mêmes que l'Eglise chantait aux pieds des autels.

Ces manifestations inusitées, mais si profondément chrétiennes, n'ont certainement pas offensé le Ciel, qui a dû accueillir cette prière si simple et si fervente du peuple : *Vive l'Empereur, vive l'Impératrice, vive le Prince Impérial !*

Elles ont profondément touché Leurs Majestés dont l'émotion et la satisfaction étaient visibles.

Ces cris patriotiques, reprirent avec une nouvelle intensité, après la bénédiction papale, et escortèrent Leurs Majestés jusqu'à la sortie du Temple, où elles furent accueillies avec la même ivresse par les nombreuses populations qui stationnaient dans la rue de l'Abbaye.

Rue de l'Abbaye. — Place Sainte-Croix.

En face du perron de la porte latérale de Notre-Dame, l'issue de la rue des Augustines était ornée d'une fausse-porte et le cortège, s'avançant vers la place Sainte-Croix, rencontra sur son passage un troisième arc-de-triomphe représentant l'ancienne entrée de la cité d'Arras.

Dès qu'ils eurent franchi le passage flanqué de tourelles gothiques et orné des armes symboliques de cette cité, un spectacle étrange et inattendu s'offrit aux regards, étonnés et charmés à la fois, des Illustres voyageurs. En quelques jours, l'activité véritablement fiévreuse des puissantes compagnies houillères de notre bassin, dirigées par MM. Bollaërt, ingénieur en chef des ponts-et-chaussées, agent général des mines de Lens, Mathieu, directeur des mines de Courrières, et Micha, ingénieur des mines de Marles, avait improvisé non-seulement la représentation exacte, et presque de grandeur naturelle, d'une fosse en exploitation, mais encore amené des centaines d'ouvriers et d'immenses provisions de charbon, afin d'apporter devant Leurs Majestés les mines que le temps ne leur permettait pas d'aller voir soit dans les glorieuses plaines de Lens, soit dans celles de Béthune.

Cette ingénieuse et délicate attention a dû vivement les impressionner, et leur montrer combien l'amour du Souverain, semblable à la foi qui transporte les montagnes, pouvait enfanter de prodiges.

Ces mineurs aux vêtements de toile, aux chapeaux de cuir ornés de lampes allumées, se mouvant sur la plate-forme de la mine et traînant les wagons où s'entassaient les blocs de cette houille qu'on a si justement appelée le pain de l'industrie ; tout donnait à cette scène de travail un caractère particulier, une couleur locale, qu'on nous passe cette expression, dont il était impossible de n'être pas émerveillé.

MM. les membres du Comité des houillères, présentés par un de ces hommes que le dévoûment a fait célèbres en un instant, par M. Raimbeaux, écuyer de l'Empereur et qui est lui-même à la tête d'une importante exploitation, ont eu l'honneur d'entretenir quelques instants Sa Majesté. Le président du Comité, M. Bigo, ancien maire de Lille, lui remit ensuite une courte note résumant la situation de ces houillères.

Cette note est ainsi conçue :

A SA MAJESTÉ L'EMPEREUR NAPOLÉON III !

A SA MAJESTÉ L'IMPÉRATRICE EUGÉNIE !

A SON ALTESSE LE PRINCE IMPÉRIAL !

LE BASSIN HOUILLER DU PAS-DE-CALAIS RECONNAISSANT !

» Majestés !

» Un bassin houiller considérable, d'une étendue superficielle de 468 kilomètres carrés, situé aux portes d'Arras, découvert et mis en exploitation au début de votre règne, a déjà produit au delà de l'énorme masse de cent millions d'hectolitres de houille d'excellente qualité propre à l'industrie et à la marine. En 1867, présente année, 18 millions au moins sortiront de ces mines et

chaque année à venir verra croître rapidement cette utile production.

» Majestés !

» Voilà incontestablement l'un des plus heureux développe-
ments industriels de votre règne glorieux! Le Pas-de-Calais est
heureux et fier de vous en montrer les résultats.

» Dix-huit mille travailleurs appartenant à dix mille familles
forment notre population minière si digne d'intérêt, si dévouée
à Vos Majestés et au Prince Impérial.

» De nombreuses institutions de secours mutuels et des Sociétés en participation pour la vie à bon marché existent parmi
elles, aidant à la satisfaction de leurs besoins et à la réalisation
de leur bien-être. Elles ont été établies sous le patronage et avec
la participation des Sociétés concessionnaires, qui, au nombre
de seize, sont entrées ainsi pleinement dans les vues charitables
et bienfaisantes de Vos Majestés.

» Aussi rencontrent-ils et font-ils disparaître les misères de
ces travailleurs, dont chaque jour la situation morale et matérielle tend à s'améliorer. Partout dans le bassin, on rencontre des
habitations confortables accompagnées de jardins ; partout des
secours en cas de maladie, de blessures et de vieillesse ; partout
enfin, de l'instruction pour l'enfant et pour l'adulte !

» Majestés !

» Ce tableau serait complet, si, sous l'influence de votre heureuse visite dans cette belle et industrieuse contrée, certaines
améliorations désirées pouvaient s'accomplir rapidement : Si le
canal d'Aire à La Bassée pouvait atteindre le tirant d'eau nécessaire à la grande navigation fluviale ; si la circulation sur
les rivières et canaux pouvait être gratuite , comme sur les
routes ; si enfin, certains tarifs de transport sur le chemin de
fer des Houillères, pouvaient être abaissés, notamment vers le
littoral de la Manche et dans la direction de l'arrondissement
de Lille, qui attend si impatiemment vos Majestés !

» Il appartient à votre Règne déjà si bienfaisant de compléter par les améliorations nécessaires, une œuvre si bien commencée. C'est du pain de l'Industrie qu'il s'agit, d'une matière
première qui fait la force du pays en même temps que la gloire
de l'Empire !

> » *Vive l'Empereur !*
> » *Vive l'Impératrice !*
> ». *Vive le Prince Impérial !*

Il était bon que l'Empereur sût qu'il arrivait dans un département comptant déjà par centaines, les millions extraits de ses
fécondes entrailles et jetés dans le torrent de l'industrie. Il était
bon qu'il apprit que la marine française pouvait s'affranchir
du lourd tribut, payé si longtemps à l'étranger, et trouver dans
nos mines l'élément des lointaines navigations. Il était bon qu'il
vit ces populations ouvrières, que l'aisance suit dans le travail, et
pour lesquelles, s'inspirant de ses philanthropiques idées, on a
prodigué dans des habitations saines et commodes, l'air, la lumière, la propreté, le bien-être, la moralisation, l'instruction,
l'épargne pour les vieux jours, les secours, qui ne sont point
l'aumône, pour les temps de maladie ou de chômage.

L'Alsace est fière, à bon droit, des institutions dont elle a entouré les classes laborieuses : ici, sans bruit, sans réclame, par le
fonctionnement naturel d'un système de bienveillance, de protection, il faut dire le mot, de véritable affection, nous possédons,
en nous inspirant des expériences faites ailleurs, en amendant
les théories trop absolues, en perfectionnant celles qui sont insuffisantes, un système complet d'organisation ouvrière qui pourrait, sur bien des points, heureusement servir de modèle.

Et pourtant nos mines naissent à peine : elles sont plus jeunes
que l'empire de Napoléon III. Elles ont eu à lutter contre toutes
les difficultés de l'enfantement. Il a fallu établir non-seulement
l'immense outillage de formidables engins d'exploitation, attirer et retenir les bras nécessaires, mais créer partout les voies
économiques de circulation.

Une grande ligne spéciale, qui a trouvé un baptême naturel

dans sa destination, la ligne des Houillères, a pu entraîner dans le rapide courant de la circulation, les produits de trente-six fosses qui, elles mêmes, se sont reliées à cette grande artère par de nombreux embranchements.

L'âge de la virilité n'est pas encore arrivé et déjà la production annuelle atteint presque vingt millions d'hectolitres. Les bassins du Nord et du Pas-de-Calais, au lendemain de leur naissance, ont laissé bien loin derrière eux les grandes mines de la Loire qui enfantèrent St-Etienne.

Est-il téméraire de prédire à un pays, déjà si riche, de merveilleuses destinées? Ne sera-t-il pas pour la France une puissance nouvelle et l'un des plus beaux et des plus nobles fleurons de sa couronne industrielle?

C'est ce que l'Empereur a dû apprendre de la bouche des représentants de nos houillères; c'est ce qu'il a vû de ses propres yeux, en s'enquérant, sans doute, des moyens d'aider à cette prospérité et de donner aux forces si expansives de cette richesse, les moyens d'atteindre toute leur énergie.

Ces moyens, c'est, naturellement, le développement des voies économiques de communication; la création des lignes d'Arras à Etaples, de Béthune vers Frévent et la Normandie, que tant et de si légitimes intérêts demandent à la fois; c'est l'amélioration du réseau de la navigation intérieure et la suppression des péages, qui ne sont plus dans nos mœurs, et qui rappellent les barrières détestées, que renversa le souffle de la liberté et de l'esprit moderne.

Tout vient à point à qui sait attendre. Le proverbe sera toujours vrai, pourvu que l'on n'attende pas l'arme au bras et en véritable fataliste. Un autre proverbe dit aussi : *Aide toi, le Ciel t'aidera.* Les houillères du Pas-de-Calais se sont puissamment aidées elles-mêmes ; l'Empereur a vu : espérons qu'il fera le reste.

Tout avait présenté un caractère particulier et entièrement local dans les préparatifs faits pour la réception de nos Souverains. Après avoir remarqué une maison plus splendidement décorée que les autres (c'était celle d'un des officiers d'ordonnance de Sa Majesté, le comte de Chérisy), elles reçurent d'une gracieuse blonde enfant, tenue debout sur un fauteuil par quatre robustes mineurs, un bouquet que ses petites mains de cinq ans pouvaient tenir à peine.

Grande-Place.

L'Impératrice, en arrivant sur la Grand'Place, dût croire, un instant, qu'un génie bienfaisant l'avait transportée dans quelque importante cité de son pays natal. Tout se prêtait à l'illusion : le pâle soleil du Nord avait des ardeurs torrides ; la foule bruyante, agitée, bariolée, montrait toute la verve, tout l'entrain des peuples méridionaux, dans les acclamations dont elle frappait les airs. Quant aux maisons, aux arcades espagnoles, aux pignons arrondis et décorés de riches sculptures, aux balcons, aux croisées desquelles les mouchoirs s'agitaient à côté des drapeaux, d'où sortaient des milliers de têtes, des milliers de voix, acclamant Leurs Majestés, ne semblaient-elles pas transportées ici de quelque rue de Barcelone ou de Madrid ?

Nulle ville, en France, ne peut présenter une aussi vaste étendue, plus régulièrement encadrée dans un ensemble de constructions qui sait allier la variété à l'unité. Pas une de ces nombreuses constructions ne ressemble à sa voisine autrement que par les données générales d'un type uniforme, mais dont chaque spécimen a un caractère original et particulier. Vingt mille spectateurs pourraient trouver place sur cette superficie de près de deux hectares, trop étroite, pourtant, à ces jours fréquents où le marché d'Arras devient le véritable grenier d'abondance de l'Empire.

Il fut facile aux Augustes visiteurs de juger de cette importance commerciale, en voyant s'élever au milieu de cette vaste place, une pyramide gigantesque, exclusivement composée de sacs de grains et sur laquelle se groupait, en un énorme faisceau humain, toute la population employée sur cet immense marché, vêtue de son costume traditionnel de travail.

L'inscription dédicatoire indiquait l'importance d'un commerce
qui se traduit par 2,500,000 sacs et 200,000 tonnes. Elle était éta-
blie sur une sorte de large *velum* qui s'étendait des maisons à
la pyramide et portait :

Les Négociants et les Employés du Marché d'Arras, premier Marché
de France, à LL. MM. l'Empereur et l'Impératrice.

Ce fut avec une visible satisfaction que Leurs Majestés parurent jouir du double spectacle qui leur était offert, et regar-
dèrent à la fois l'imposant ensemble de cette place monumentale
et l'affirmation si puissante, dans sa réalité, de vastes approvisionnements pour le pain du peuple.

Le pain du peuple ! c'est là, en effet, la joie du Souverain qui
est avant tout le père de famille ; c'est l'ordre assuré, la paix du
dedans, le calme du foyer domestique, le sourire des pauvres
mères qui pleurent sur les berceaux affamés.

Grâce à Dieu, les famines hideuses dont le moyen-âge était
ravagé et dont ce siècle, lui-même, n'a pas été exempt, ne sont
plus possibles, depuis que quelques heures suffisent pour traverser la France et quelques jours pour parcourir l'Europe.

Une assistance mutuelle en même temps que rémunératrice,
équilibre les approvisionnements, dont la liberté des échanges
assure le passage. Si le prix des denrées alimentaires s'élève,
c'est plus souvent sous l'influence de la prospérité publique, qui
accroît la consommation, que sous la pression de la misère, qui
la diminue.

Hâtons-nous de le dire, d'ailleurs, le triste mot de misère n'est
presque plus connu dans nos florissantes contrées. Tous les bras
valides trouvent un travail productif et le manque d'ouvriers
atteste, mieux que tous les raisonnements, la véritable et réelle
prospérité du pays.

L'Empire a beaucoup fait pour préparer et pour atteindre ce
résultat. Notre commerce, notre industrie, inopinément mis aux
prises avec ces luttes qui forcent au succès, se sont, du jour au
lendemain, trouvés en état de faire une concurrence victorieuse

aux produits qui passaient jusqu'alors pour inimitables. Sur ce terrain donc, comme sur celui de la politique, le mot de *confiance* doit être à l'ordre du jour.

C'est ce que disaient hautement au Souverain les acclamations qui redoublèrent alors qu'il s'arrêta devant le monument érigé en son honneur par les commerçants et les ouvriers de la Grand'Place.

Les instants étaient trop comptés pour que là, comme devant les trophées de l'Agriculture et de l'Industrie houillère, Sa Majesté pût suffisamment rassasier ses regards du tableau qui s'offrait devant Elle. Toutefois, en voyant réunis dans l'hémicycle, ménagé autour de la pyramide, tout le personnel supérieur de cet important marché, l'Empereur s'arrêta et permit à l'Inspecteur de lui adresser quelques paroles et d'offrir un bouquet à l'Impératrice.

Voici en quels termes s'est exprimé M. Lemaire, Inspecteur du marché :

« SIRE, MADAME,

» Les négociants et les employés du marché d'Arras ont élevé cette pyramide de 10,000 hectolitres de grains pour vous donner une idée de l'importance de cette ville. Madame, ils prient Votre Majesté de vouloir bien accepter ce bouquet, comme l'expression sincère de leurs sentiments de respect, de dévouement et de fidélité à votre dynastie. Sire, Madame, soyez sûrs que nous tous, vos fidèles sujets, nous crions du fond du cœur :

» *Vive l'Empereur !*
» *Vive l'Impératrice !*
» *Vive le Prince Impérial !* »

Cet incident, hors du programme, impressionna vivement l'assistance et provoqua une nouvelle explosion d'enthousiasme.

Petite-Place. — Hôtel-de-Ville. — Réceptions officielles. — Décorations.

Mais, d'autres impatiences, d'autres acclamations attendaient Leurs Majestés sur la Petite-Place, où toutes les députations communales avaient été rangées sur le parcours du cortège et où les modestes drapeaux de nos campagnes se confondaient, moins dorés et moins brillants, mais aussi fiers et aussi dévoués, avec ceux de nos grandes villes.

En vain, les travaux de la moisson qui n'attendent pas, sollicitaient, par ce beau soleil, les bras des cultivateurs ; en vain, dans cet immense département, les distances imposent-elles de lointains voyages ; en vain, le temps avait-il manqué aux préparatifs de ces braves gens... De tous les arrondissements, des points les plus reculés, des communes les plus pauvres, on était venu voir et saluer l'Empereur et l'Impératrice.

Ce n'était point un sentiment de banale curiosité qui arrachait à leurs champs, à leurs occupations, à leurs habitudes, ces milliers d'ouvriers, d'agriculteurs, qui savent eux aussi, aussi bien qu'en Angleterre, que le temps, dans de certains moments surtout, est de l'argent, et qui faisaient, néanmoins, le sacrifice de ce temps, des frais de voyage et de séjour, pour affirmer leur dévoûment et proclamer leur reconnaissance et leur confiance absolues.

Nous n'essaierons pas de peindre les trépignements, les hourras, les chapeaux et les mouchoirs agités en l'air, tous ces signes qui n'ont pas les mille formules de la paroles, mais qui, dans leur vocabulaire restreint, en ont toutes les éloquences.

Ce fut véritablement une marche triomphale qu'accompagnait le carillon du beffroi, soutenu par les accords puissants de la cloche Joyeuse, dont le vieux bronze, témoin de tant d'allégresses populaires, n'avait jamais tinté pour une fête plus cordiale.

La Petite-Place serait grande partout, si elle ne se trouvait à côté de sa gigantesque sœur. Ses maisons, ses arcades, ses pignons, sont comme ceux de la Grand'Place de style Hispano-

Flamand. On admire, avec raison, la régularité et la variété de ses constructions. L'activité commerciale de la ville, en dehors de la spécialité des grains, qui exige une plus vaste enceinte, en a fait le quartier général de ses opérations. C'est là qu'à l'ombre du beffroi, et sous sa protection, se groupaient les honnêtes marchands des XVIe, XVIIe et XVIIIe siècles.

La vieille tour échevinale, assise sur sa large base de granit, élève à 80 mètres, environ, de hauteur, ses clochetons gothiques et ses ogives géminées.

Bien qu'ayant perdu, en partie et malheureusement, son caractère primitif, par les restaurations dont elle fut l'objet en 1839 et 1840, elle a encore cet air de grandeur imposante qui distingue les vieux beffrois de nos aïeux, et elle annonce de loin au voyageur, l'existence d'une importante cité. Surmontée d'une immense couronne fermée, sur laquelle est fièrement campé le lion héraldique d'Arras, cette tour a des airs souverains qui seyaient à la capitale du noble pays d'Artois. Elle était, à tous ses étages, à toutes ses ouvertures, pavoisée de centaines de drapeaux qui publiaient dans les airs la joyeuse solennité de ce grand jour.

Aux pieds du beffroi colossal, l'Hôtel-de-Ville, la maison des anciens mayeurs et échevins, montre sa façade gothique, à laquelle une récente restauration a presqu'entièrement restitué son ancienne physionomie, profondément altérée à une époque où l'on ne comprenait pas que toutes les formes de l'art, surtout quand l'histoire les a consacrées, sont dignes de nos respects.

Si les vieux mayeurs d'Arras, qui construisirent ce monument, pouvaient un instant secouer la poussière de leur tombe, ils reconnaîtraient, dans la toiture, leurs coquettes lucarnes étagées sur trois rangs et faisant briller au soleil, l'or de leurs girouettes. Ils reverraient la crête élégante du toit, plus étincelante que jamais, la riche galerie de pierres entourant l'édifice, les arceaux tels que les avaient construits les architectes primitifs. Ils sont surmontés de niches ornées de dais artistement travaillés, paraissant avoir toujours attendu les statues qui leur semblaient destinées. Mais les dignes magistrats ne retrouveraient plus cette bretèque ouvragée, dont parlent tous nos historiens, remplacée aujourd'hui par un élégant balcon, et ils auraient peine à reconnaître, sous son ornementation actuelle, la maison dite de l'*Ane Rayé*, que Mathias Tesson avait annexée à cet édifice, en la reconstruisant de fond en comble (1).

Cette petite maison est devenue une aile entière, dans laquelle sont logés tous les services municipaux, et qui prolonge sur la rue Vinocq sa façade, où toutes les richesses et les coquetteries de la Renaissance n'ont que le tort d'être trop abondamment prodiguées ; mais elle séduit au premier coup-d'œil, même les érudits et les difficiles ; et ceux qui, moins familiers avec les données classiques de l'art, s'abandonnent aux simples impres_ sions de leur propre goût, prétendent qu'ils la trouvent toujours charmante et distinguée.

Elle n'a plus le privilège de renfermer l'escalier principal de l'Hôtel-de-Ville ; mais celui qui donne actuellement accès aux appartements municipaux pourrait prendre ce titre, s'il ne devait être prochainement remplacé par un véritable escalier momumental, établi sous une immense coupole de trente mètres de hauteur qui, malheureusement, n'a pû être terminé pour l'arrivée de Leurs Majestés.

Mais l'aile nouvelle qui logera cet escalier a dû être entrevue par les hôtes illustres de la ville, lorsque leurs regards se sont portés sur le magnifique fond du tableau qu'offrait, à leur entrée sur la Petite-Place, l'ensemble des constructions de l'Hôtel-de-Ville.

A la vérité, ce simple échappement en perspective n'a pû leur donner une idée du mérite hors ligne de cette façade, que de nombreuses démolitions vont prochainement dégager, et qui montrera tous les progrès accomplis, depuis trois ans, par M.

---

(1) Voir les *Rues d'Arras*, par MM. le comte d'Héricourt et Godin, ouvrage du plus grand intérêt et de la plus scrupuleuse exactitude.

Mayeur, architecte de l'édifice. Ils n'ont pû, surtout, apprécier l'immense talent déployé dans les délicates sculptures qui ornent cette partie du monument, où figurent des statues et des cariatides que ne désavouerait pas le ciseau des maîtres les plus célèbres.

Espérons qu'une nouvelle visite, presque promise, permettra d'introduire nos Souverains par la grande porte.

Celle qui s'ouvrait devant eux, et vers laquelle ils s'avançaient, au milieu des flots toujours plus pressés du peuple et des députations de plusieurs centaines de communes, n'était pas indigne de leur attention, surtout lorsqu'ils purent voir, dans le vaste péristyle, la gracieuse et charmante députation qui les attendait.

C'était un blanc et rose essaim de jeunes filles, dont les fraîches et gracieuses toilettes semblaient s'harmoniser avec l'éclat des fleurs parfumées qu'elles tenaient en réserve, pour les offrir à l'Impératrice. Ravissantes têtes blondes, pour la plupart, parmi lesquelles de noires chevelures et quelques-uns de ces yeux étincelants, qu'allume le soleil du midi, faisaient un heureux et saisissant contraste.

Je sais bien qu'un auteur chagrin, uniquement préoccupé du soin de son déjeûner, qui peut être avait été mal servi ou difficilement digéré, s'est montré, je ne dirai pas sévère, je ne dirai pas inconvenant, mais presque grossier envers toutes ces élégantes et séduisantes jeunes filles, que bien certainement il n'avait pas vues, dans une boutade dont il nous a été impossible de saisir le sel.

Elles ont, heureusement, été vengées, avant d'être attaquées, par un mot charmant de l'Empereur qui s'est écrié en les voyant : « *Oh ! qu'Arras est joli !* »

Nous ne pouvons rien ajouter à ce légitime et gracieux hommage.

Mais, il met à néant cette fable, répandue en ville, que le malencontreux écrivain suivait la Cour en qualité d'historiographe officiel. Ce n'est certes pas *le Figaro* qui recueillerait, en ce cas, ses appréciations, et je craindrais fort, s'il la possédait réellement, pour la place d'un serviteur traduisant si mal la pensée de ses maîtres.

M. Adrien Marx a montré une fois de plus, en cette circonstance, que « L'esprit qu'on veut avoir gâte celui qu'on a. »

Il s'en fut convaincu, lui-même, s'il avait daigné voir et surtout entendre. Il eût trouvé dans ce groupe charmant plus d'un doux ange capable de devenir, à son heure, un dangereux lutin, et vis à vis duquel, surtout sur le terrain de l'esprit, il fut resté un très-petit garçon.

Je ne veux nommer personne, mais ma pensée se reporte involontairement vers quelques-unes de ces aimables enfants que j'avais l'honneur et (je suis assez vieux pour dire) le bonheur de saluer, un instant après le passage de Leurs Majestés, et alors que tout émues encore elles étaient sous le charme de cet accueil si doux, si bienveillant, de la belle et bonne Souveraine.

L'honneur d'être leur interprète revenait naturellement à Mlle Lucie Plichon, petite-fille du Maire, que ses treize ans n'enhardissaient peut-être pas beaucoup, mais qui, malgré les battements, j'en suis sûr, un peu précipités de son cœur, avait fort bien dit le compliment que voici :

« Madame,

» Nous avons appris dès l'enfance à aimer en Votre Majesté l'Épouse de l'Empereur, la Mère du Prince Impérial, la Princesse Auguste et courageuse qui, sans cesse occupée des pauvres et des petits, se plaît à secourir toutes les infortunes, à consoler toutes les afflictions, à braver tous les dangers, à soutenir toutes les défaillances. On nous a dit combien vous étiez bonne, et pourtant, en présence de Votre Majesté, le respect et l'émotion troublent nos cœurs, et nous osons à peine la prier d'accepter ces fleurs, trop modeste hommage des sentiments dont ils sont remplis. Mais puisque Dieu, lui-même, permet qu'elles servent à parer ses autels, nous ne pouvions vous offrir un présent moins indigne de vous. Ces fleurs seront bientôt flétries, mais notre amour pour l'Empereur et pour Votre Majesté demeurera toujours inaltérable. »

Avons-nous besoin d'ajouter que l'Impératrice répondit dans les termes les plus affectueux? Elle fit plus, et ne pouvant s'adresser à chacune, par un mouvement spontané et partant du cœur, Elle embrassa la jeune et belle enfant qui venait de parler en leur nom. Quelques jours après Sa Majesté daignait adresser à Mlle Lucie Plichon un charmant bracelet.

Le bouquet ainsi offert et dont, par une délicate attention, il avait été prescrit de ne pas exagérer les dimensions, fût conservé à la main par l'Impératrice, pendant tout son séjour dans la ville.

On a beau dire, ces scènes touchantes, qui se renouvellent partout, n'ont pas ce caractère banal et ridicule qu'on veut leur prêter.

Il est bon que les jeunes filles, qui seront un jour des femmes et des mères, qui prendront leur part des saints labeurs de la famille et qui auront le devoir divin d'élever des enfants, voient de près comment toutes les grâces de la femme peuvent s'allier avec toutes les vertus, toutes les austérités, toutes les charités, toutes les grandeurs d'une mission de dévoûment et d'abnégation. Elles auront vû celle qui est la mère par excellence, car tous les orphelins et les malheureux sont les enfants de sa prédilection, et la femme vraiment forte selon le cœur de Dieu et les lois du monde. La solennité d'une telle rencontre frappe les yeux, mais elle pénètre surtout le cœur. Aucune de ces jeunes filles n'oubliera cet instant; et, en reportant leur pensée vers une des grandes joies de leur jeunesse, elles ne pourront pas la distraire d'un grand exemple.

Ah! M. Adrien Marx, je vous plains de n'avoir pas compris et surtout senti ces choses et d'avoir fait monter si haut l'outrage que vous pensiez laisser tomber si bas !

Revenons à l'entrée de Leurs Majestés, dans le palais municipal. Sa reconstruction a, comme nous l'avons dit, transformé les aspects extérieurs de ce monument et des quartiers qui l'environnent. L'air, la lumière, ont remplacé ces rues étroites, tortueuses, nauséabondes, qui permettaient aux épidémies d'y allumer leur sinistre foyer, et d'où se répandaient les miasmes délétères et mortels, qui ravagèrent parfois la cité tout entière.

Il y a dans ces grands percements, dans ces assainissements des villes quelque chose de plus utile encore que la facilité des communications, et l'embellissement des quartiers ; c'est la vie des enfants qui s'étiolent dans l'air impur des agglomérations trop restreintes, des ouvriers qui ont besoin de conjurer les fatigues et les dangers de l'atelier, de tous ceux, enfin, que leurs loisirs n'autorisent pas à chercher, bien loin, les senteurs balsamiques et la respiration fortifiante des champs.

Deux épidémies de choléra ont déjà prouvé, à Paris, que le fléau, errant et poursuivi, n'avait plus, dans la capitale, de refuge où il pût s'établir en vainqueur. Grâce à Dieu, nous avons été préservés ; mais si le mal fût revenu, il eût trouvé un vaste palais, une cour spacieuse et des rues magistrales, à la place du quartier infect où sa furie avait, à deux reprises, frappé avec une impitoyable énergie.

Mais les transformations intérieures de l'Hôtel-de-Ville ne sont pas moins radicales et somptueuses que celles du dehors. Des buissons de fleurs formaient une haie parfumée et fraîche sur tout le parcours de Leurs Majestés, qui traversèrent le beau vestibule du rez-de-chaussée et montèrent directement dans une salle, en rotonde, où quelques rafraîchissements avaient été préparés pour Elles et pour leur suite. On conduisit, de là, l'Empereur dans l'élégant cabinet qui doit servir au Maire et dont la charpente apparente, délicatement travaillée, ornée de peintures et de nielles, s'arrondit en un vaste berceau. Les arcatures sont soutenues par des anges aîlés et se groupent en un grâcieux faisceau d'où se détache un cul-de-lampe auquel pendait un merveilleux lustre, platine et or, dont le style s'harmonisait avec celui de l'appartement. Les vitraux coloriés, les boiseries, la magnifique cheminée qu'orne une glace à bizeaux, la tenture d'une riche étoffe, tout faisait de cette pièce, que parfumaient aussi les fleurs les plus rares, un véritable et coquet boudoir, dont le premier hôte a été l'Empereur.

On avait disposé pour l'Impératrice une pièce plus merveilleuse encore, et qui gardera le nom de notre bien-aimée Souveraine.

C'est un petit salon, dans le style de la Renaissance, où d'innombrables panneaux séparés par des colonnettes, blanc et or, et remplis par autant de glaces, offrent la disposition la plus originale et la plus gracieuse à la fois. Le jour, tamisé par quelques glaces sans tain et pénétrant par une ouverture circulaire, ménagée dans le plafond qui s'arrondit en voûte, a des rayonnements adoucis qui invitent au repos. Une des faces de ce délicieux réduit était tendue d'une rare étoffe verte aux abeilles d'or. Délicat à-propos, qui dira longtemps son heureuse destination. D'épais buissons de fleurs s'étageaient dans des jardinières et remplissaient l'âtre de la merveilleuse cheminée, en chêne sculpté, que nous envieraient les plus magnifiques appartements de Fontainebleau.

La salle du Trône était contiguë à ce salon particulier de Sa Majesté.

L'estrade impériale, adossée à une cheminée gothique, qui est aussi une œuvre d'art d'un rare mérite, formait le fond de la grande salle de l'Hôtel-de-Ville, dont il serait impossible de décrire, sans y consacrer de nombreuses pages, toutes les splendeurs et toutes les richesses.

Le plafond de chêne massif, divisé par de larges poutres en nombreux compartiments décorés d'élégants cartouches ; les boiseries des portes, rehaussées de serrures d'acier et surmontées de clochetons délicatement fouillés ; celles des panneaux ; les immenses glaces encadrées dans des ogives correspondant à celles des fenêtres ; les riches tentures, dans l'étoffe desquelles sont tissés les fiers lions d'Arras ; les lambrequins des fenêtres et les lourds rideaux semblables aux tentures ; les lustres uniques, de même que tout le reste ; et, enfin, le splendide ameublement de chêne sculpté, qu'on dirait retrouvé dans un féérique château du moyen-âge et dont l'étoffe porte les armoiries de la ville ; tout concourt à faire de ce vaste salon un type de grandiose et sérieuse élégance.

On peut adresser les mêmes éloges à la pièce suivante, que l'Empereur pouvait voir à travers une glace sans tain. Cette pièce possède une cheminée exactement semblable à celle du Grand-Salon. Les tentures ne diffèrent que par la couleur, qui lui fera, sans doute, donner le nom de salon Bleu, pour le distinguer du précédent.

C'est par là que devaient arriver les autorités, les corps constitués et les fonctionnaires admis à l'honneur de la présentation.

Mais avant d'assister à cette cérémonie, l'Impératrice voulut aller, elle-même, recevoir les dames d'Arras, qui lui furent nommées par M\u1d50\u1d49 Paillard, femme de notre excellent Préfet et M\u1d50\u1d49 Plichon, femme du Maire. Pour chacune, un mot obligeant, un de ces ineffables sourires dont Sa Majesté seule a le secret, paya largement la longue attente que ces dames avaient endurée dans la vaste salle dite des Mariages. Est-il nécessaire d'ajouter que la ridicule histoire de la bourgeoise, ayant étudié pendant quinze jours et maladroitement manqué sa révérence, histoire un peu renouvelée des Grecs, et dont M. Marx s'est fait l'imprudent éditeur, n'est qu'une fable de pure invention.

L'Impératrice voulut revoir encore et, particulièrement, toutes les jeunes filles qui l'avaient accueillie à son entrée dans l'Hôtel-de-Ville. Mais les cris sympathiques de la foule, qui se pressait de plus en plus sur la Place, préparaient une de ces manifestations indicibles, qui élèvent l'enthousiasme aux proportions de l'ivresse, et que toute langue est impuissante à traduire.

Dès qu'on aperçut au balcon Leurs Majestés Impériales, ce fut dans cette foule compacte, parmi les hommes dont toutes les têtes se découvrirent par un mouvement spontané, une sorte de frénésie ardente, de cris, de hourras ; un de ces bruits sans nom, profonds comme les mugissements de la tempête et harmonieux, en même temps, comme toutes les grandes et sublimes voix de la nature.

C'était un magnifique et touchant spectacle pour Leurs Majestés, que celui de ce peuple immense, venu de tous les points du département, et affirmant avec cette énergie solennelle, ses sentiments de profonde et respectueuse tendresse.

Les impostures officielles, dont certains organes de la presse accusent incessamment nos fonctionnaires, ne peuvent pas simuler ces grands embrâsements, ces électriques et puissantes commotions. C'est de proche en proche et instantanément qu'elles s'allument et qu'elles éclatent. Quand des Souverains les appellent et les exaltent ainsi, c'est qu'ils ont de vivaces racines dans le cœur des populations, c'est qu'ils sont forts de cette force inébranlable qui s'appuie sur les masses entières.

L'émotion et la joie de l'Empereur étaient visibles. Il retrouvait, après seize ans de règne, accrue et mûrie par l'expérience, fortifiée par la reconnaissance, cette majestueuse et solennelle voix du Peuple, qui, semblable à la voix de Dieu, lui avait montré les voies providentielles et décerné, d'avance, la couronne que huit millions de suffrages devaient si solidement attacher sur sa tête.

Quant à l'Impératrice, elle ne trouva que dans ses larmes, larmes douces et joyeuses; l'expression de sa gratitude pour un semblable triomphe.

C'est sous l'empire de ces favorables impressions que Leurs Majestés montèrent sur le trône et commencèrent les réceptions officielles.

Après le brave général de Bellecourt, si honoré et si estimé dans notre ville, et qui avait été déjà personnellement présenté à la gare, l'ordre des préséances appelait Mgr l'Evêque et son clergé. Le Prélat s'était promptement rendu de la Cathédrale, où il avait eu l'honneur de haranguer Leurs Majestés, à l'Hôtel-de-Ville, pendant que le cortège parcourait plus lentement les rues désignées pour son passage. L'Empereur connaissait, très-certainement, le beau mandement de prise de possession de son siège, dans lequel Mgr Lequette avait si éloquemment dit ce que le cœur d'un Evêque français doit contenir de dévoûment pour la patrie et de fidélité pour le Souverain.

L'accueil fait au Prélat, qui venait de recevoir, quelques jours auparavant, la Croix d'Honneur, ne pouvait donc être que sympathique. Après quelques instants d'entretien, Sa Majesté daigna

annoncer qu'elle accordait la même croix à M. l'abbé Parenty,
vicaire général du diocèse, dont toute une vie de pieux dévoûment et de participation active au gouvernement épiscopal de
Mgr le cardinal de La Tour d'Auvergne, d'abord, de Mgr Parisis,
ensuite, et, enfin, de l'Evêque actuel, méritait cette précieuse
distinction. Elle eût été dûe, à un autre titre encore, à M. l'abbé
Parenty, dont les travaux importants et consciencieux ont porté
souvent la lumière dans les détails obscurs de l'histoire locale et
qui, tant à l'Académie impériale d'Arras qu'il a présidée, qu'à
la Commission des Monuments historiques, où seul il pouvait
dignement remplacer le regrettable M. Harbaville, comme vice-
président, a toujours bien mérité de la science et des lettres.

Certes, il ne serait pas difficile de trouver dans les rangs du
clergé d'Arras, si distingué par l'esprit, si élevé par le cœur,
bien des prêtres modestes que la faveur Impériale surprendrait,
sans doute, dans leur ignorance d'eux-mêmes, mais pour lesquels
l'opinion publique ratifierait, comme elle l'a fait pour M. Parenty, une semblable distinction. C'est une affaire de temps ; la
justice arrive toujours à son heure.

Les députés, qui avaient déjà salué l'Empereur à la gare, furent
ensuite présentés à Sa Majesté. Elle savait que le dévoûment de
la plupart est acquis à son gouvernement et à sa politique ; Elle
venait de récompenser quelques jours auparavant, dans le plus
jeune et le dernier venu d'entre eux, M. Sens, non-seulement
les services rendus à la Chambre et au Conseil général, où il
remplit, depuis sept ans, avec une rare distinction, les fonctions
de Secrétaire, mais encore toute une vie de labeurs honnêtes
dans le Corps impérial des Mines.

Après eux venait le Conseil général du Pas-de-Calais, imposante réunion de quarante-trois membres, dont la haute sagesse s'est toujours élevée à la hauteur des circonstances, et qui
doit, plus que toute autre, avoir pesé dans la balance, lorsque
l'Empereur a voulu élargir le cercle des attributions de ces As-
semblées départementales, et les rendre souveraines dans l'ad-

ministration de la plupart des intérêts matériels confiés à leurs soins.

Trois membres éminents de ce Conseil venaient, à des titres divers, mais tous pour d'éclatants services, de recevoir la Croix de Commandeur de la Légion-d'Honneur.

Cette haute récompense était échue à M. Delebecque, l'un des doyens des Officiers de l'Ordre, qui, longtemps dans l'instruction publique, puis à la Chambre dont il est un des vétérans, et à la tête de la Compagnie du chemin de fer du Nord, dont il est le Vice-Président, a toujours honoré une existence de travail assidu, de haute capacité, par les qualités les plus élevées de l'esprit, par le plus incontestable talent. Arrivé à l'une de ces robustes et viriles vieillesses, qui laissent saines et puissantes toutes les facultés, il est une des lumières du Conseil où il occupe, nécessairement, l'une des plus hautes positions.

Le même honneur était revenu à M. Sénéca, conseiller honoraire à la Cour de cassation, membre de la Chambre des Députés pour le département de la Somme, savant et honorable magistrat, dont l'éloquence eût un grand éclat au Parquet et qui, dans les discussions les plus importantes des deux dernières sessions, a joué, surtout comme rapporteur de la loi municipale, un rôle considérable et très-remarqué.

A la tête de l'Administration des Cultes, où il a vaillamment conquis tous les grades supérieurs, le troisième Commandeur, M. Hamille, déploie une activité qui n'est égalée que par l'extrême bienveillance et la sûreté de son caractère. Dans de délicates et difficiles fonctions, il sait allier à la fermeté du fonctionnaire inébranlablement dévoué, la franchise du conseiller prudent et l'habileté de l'homme d'Etat véritablement honnête.

Il suffirait de ces hautes faveurs, accumulées sur un département, en une seule année, pour montrer de quelle élite se composent les représentants de nos divers cantons. Mais ces éminents personnages ne sont pas ses seules illustrations. L'armée lui a donné un général de division ; la marine deux amiraux, la politique plusieurs députés ou anciens députés, la magistrature, l'industrie, le commerce, l'agriculture, leurs hommes les plus distingués.

L'Empereur, en recevant le Conseil général du Pas-de-Calais recevait donc, comme nous l'avons dit, une assemblée imposante. Il savait qu'elle représentait une population de près de 800,000 habitants, ce qui fait de ce département, à peu près *ex-æquo* avec la Seine-Inférieure, qui ne le dépasse que de quelques milliers, le plus important de la France après celui du Nord. Il savait que six arrondissements et six circonscriptions électorales lui font une position tout à fait exceptionnelle ; enfin, il venait de voir la force expansive de son Agriculture et de sa grande Industrie, ses richesses, et surtout son admirable et unanime dévoûment.

D'ailleurs, si quelque chose avait pû redoubler sa bienveillance, c'est de rencontrer à la tête de la représentation du département l'homme distingué qu'il venait d'y mettre, et qui lui rappellera, souvent, nous aimons à l'espérer, le grand, bon et beau département du Pas-de-Calais.

M. le marquis d'Havrincourt, se détacha de la suite de l'Empereur, dont il faisait partie comme chambellan de service, pour adresser à Sa Majesté l'allocution suivante :

« SIRE,

» Le Conseil général du Pas-de-Calais, organe de ce département, l'un des plus importants de l'Empire, offre à Votre Majesté l'assurance de son dévoûment à la dynastie du Souverain qui a rétabli la pyramide de l'Etat sur sa base.

» Le département du Pas-de-Calais est un des plus avancés dans la construction de ses routes vicinales. Nous étudierons avec un soin tout particulier les moyens d'achever le réseau vicinal, que l'Empereur a recommandés dans sa lettre du 15 août, nouveau témoignage de sa sollicitude féconde pour l'agriculture et les intérêts qui s'y rattachent.

» MADAME,

» Nous savons la grâcieuse bonté avec laquelle Votre Majesté a reçu le Conseil municipal d'Arras, qui venait demander à Vos Majestés de s'arrêter dans notre département, et nous croyons devoir cette faveur à votre irrésistible intervention.

» Vous avez bien voulu rappeler à nos compatriotes que notre chef-lieu avait reçu votre première visite, après l'union qui vous a faite l'Auguste compagne de l'Elu de la France.

» Depuis, Madame, nous vous avons vue Régente, et nous sommes trop voisins d'Amiens pour n'avoir pas ressenti la bien-faisante commotion qu'y a produite votre visite, au milieu d'une affreuse épidémie.

» Nous avons tous suivi, avec anxiété, la maladie du Prince Impérial, et son complet rétablissement nous a comblés de joie. Nous aurions bien désiré le voir avec Vos Majestés ; mais nous savons que le Prince Impérial travaille à acquérir une solide instruction. L'Empereur complètera son éducation ; il lui apprendra, avec vous, à assurer la grandeur de la France et à conquérir l'amour du peuple.

> » *Vive l'Empereur !*
>
> » *Vive l'Impératrice !*
>
> » *Vive le Prince Impérial !*

L'Empereur répondit avec sa bienveillance accoutumée, puis les présentations continuèrent.

C'était le tour de MM. les Sous-Préfets du département.

Ceux des deux villes les plus importantes, Boulogne et St-Omer devaient rappeler à Sa Majesté des services éclatants, rendus à sa personne et à l'Etat.

En effet, M. Pugliesi-Conti, Sous-Préfet de Boulogne, est à la fois le neveu et le gendre de M. le Conseiller d'Etat Conti, chef du cabinet de l'Empereur, et l'un des plus éminents de ces hommes supérieurs, dont le pays natal des Napoléon a toujours produit un si remarquable contingent.

M. Henri Thuillier, Sous-Préfet de St-Omer, est le frère de l'homme d'Etat distingué, de l'orateur éloquent qui, tour à tour

Préfet, Directeur général au Ministère de l'Intérieur et Président de section au Conseil d'Etat, partagea souvent avec les Ministres de la parole, le poids des discussions les plus difficiles devant le Corps législatif.

Vint ensuite le Conseil de Préfecture dont l'un des membres tient, par des liens de proche parenté, à un autre Corse, M. Bénédetti, ambassadeur de France à Berlin, l'une des illustrations de la diplomatie française.

Le général de Bellecour présenta, immédiatement après le passage du Conseil de Préfecture, le nombreux et brillant état-major de la subdivision, composé des colonels, directeur des fortifications, commandant la gendarmerie, commandant le 1ᵉʳ régiment du génie, commandant le 26ᵉ de ligne, etc., auxquels s'étaient joints plusieurs chefs de corps, en garnison ou employés dans le département.

MM. les lieutenants-colonels et les autres officiers supérieurs de ces différents corps et de l'état-major du génie étaient également présents et reçurent tous, à l'appel de leur nom, de la part de Leurs Majestés, l'accueil le plus cordial et le plus bienveillant. C'était justice, non-seulement parceque tous ces braves militaires, couverts de décorations et de médailles, attestant leur présence sur la plupart des grands théâtres, ouverts depuis quinze ans, à l'héroïsme militaire, représentaient cette vaillante et invincible armée, qui a si puissamment aidé à fonder la prééminence politique de la France ; mais aussi parce que la garnison d'Arras s'était associée, avec un élan sympathique, à tous les préparatifs faits pour recevoir Leurs Majestés. Elle avait aidé partout les travailleurs civils et élevé, pour son propre compte, un trophée d'armes, dont malheureusement les proportions ne répondaient pas à l'étendue de la place qui le contenait, mais qui brillait par une exécution fort habile. Le goût parfait, l'élégance et l'ingénieuse disposition de son ordonnance, révélaient le concours d'architectes consommés.

Plusieurs officiers supérieurs ont été, dans cette circonstance, promus au grade de Commandeur et d'Officier de la Légion-d'Honneur. Le 1er régiment du génie a reçu trois croix de Chevalier et le 26e de ligne deux.

Un certain nombre de médailles militaires ont, en outre, été distribuées à chacun de ces régiments.

M. Gardin, Président du Tribunal civil, que la fête du 15 août avait récompensé de longs et honorables services, devait au rang personnel que lui accorde le décret de messidor, une préséance dont il avait usé, en se rendant à la gare au-devant de Leurs Majestés. Le Tribunal civil fut présenté par lui, ainsi que divers magistrats des autres sièges du département, qui s'étaient joints à cette compagnie. Parmi ces derniers, une juste et flatteuse distinction attendait M. de Coussemaker, Vice-Président à St-Omer, qui reçut des mains du Souverain les insignes de la Légion-d'Honneur.

Le Corps municipal d'Arras, auquel avaient été adjoints MM. les Maires des chefs-lieux d'arrondissement, eût ensuite l'honneur d'être appelé devant Leurs Majestés.

Par suite d'une gracieuse déférence, l'Empereur n'était pas descendu chez lui, dans son Palais de la Préfecture. Il avait daigné rester l'hôte de la ville et n'avait pas à regretter cette précieuse faveur.

A quinze ans de distance, il avait pû juger tous les progrès accomplis, dans cette importante cité, sous l'impulsion active et infatigable d'un magistrat, dont il connaissait déjà les éminentes qualités.

Notre profonde et respectueuse amitié pour M. Plichon nous mettrait mal à l'aise pour parler de lui, si ses œuvres ne tenaient un langage plus éloquent que celui dont nous trouverions l'inspiration dans notre cœur.

Ce n'est pas, seulement, ce magnifique Hôtel-de-Ville que l'Empereur et l'Impératrice inauguraient dans cette belle journée du 26 août, et qui défie toute rivalité, même dans les centres les plus importants ; ce n'est pas seulement ce grand et récent travail d'aménagement et de distribution d'eaux de sources abondantes, dans tous les quartiers de la ville, l'une des plus ri-

chement dotées sous ce rapport ; ce ne sont pas seulement les tra
vaux plus obscurs, mais non moins utiles d'une viabilité partout
transformée ; la construction de trottoirs commodes dans toutes
les rues qui peuvent en recevoir ; la création de l'immense parc
des Allées et du square coquet substitué au Jardin Botanique ;
la restauration du Théâtre ; la reconstruction de la Salle des
Concerts ; l'établissement de vastes abattoirs, de halles..... Que
sais-je encore?... qui parlent le plus éloquemment en faveur de
notre digne Maire. Ce n'est point, non plus, ce rare et merveilleux talent de parole qui charme et auquel il est si difficile de ne
pas céder, ni son aptitude merveilleuse et prompte à toutes les
affaires, mais l'élévation et la force d'un caractère, qui ne s'est
jamais démenti, et dont l'honnête inflexibilité arrache l'estime à
ses adversaires eux-mêmes.

Les dernières élections municipales lui ont montré que la ville
n'est point ingrate, en le ramenant au pouvoir avec tous ses fidèles conseillers, avec tous les hommes intelligents et dévoués,
qui ont sagement et invariablement affirmé leur confiance et
leur étroite solidarité avec lui.

C'est autour de cet homme intègre et courageux que tous les
vrais patriotismes, toutes les saines et nobles idées se groupèrent
aux jours de 1848. C'est encore autour de lui, sans qu'il l'ait
conservée par aucune concession, par aucune faiblesse, que la
réelle popularité éclate, ici, dans les luttes électorales, qui n'ont
jamais amoindri son prestige.

Elle lui était donc, et depuis bien longtemps, légitimement
due, cette rosette d'Officier que l'Empereur a substituée au
simple ruban de la Légion-d'Honneur : et la ville, tout entière, a
battu des mains, en voyant son premier magistrat récompensé
par un Souverain, qui est le juste appréciateur de tous les mérites.

Il faut aux capitaines les plus habiles, des lieutenants sachant
s'inspirer de leurs pensées fécondes et les seconder dans leur
tâche laborieuse. M. le Maire d'Arras en a deux qui s'associent,
chacun dans une spécialité plus marquée, aux devoirs de l'Ad-

ministration municipale. L'un d'eux a, depuis plusieurs années déjà, recueilli la récompense que l'Empereur a voulu donner à celui qui, plus spécialement chargé des travaux publics, avait fait preuve, à côté de son chef, d'un long et complet dévoûment. Nous applaudissons, de grand cœur, à la distinction dont M. Renard a été l'objet, tant pour ses services dans l'Administration municipale que pour ceux qu'il avait précédemment rendus à la tête de notre vaillante Compagnie de Sapeurs-Pompiers.

Le Corps municipal d'Arras ne devait pas seul participer aux faveurs souveraines. Quelques jours auparavant, M. Livois, Maire de Boulogne, avait reçu la Croix, en récompense de services doublement distingués à la tête de l'administration et sur ce champ de bataille des épidémies, où il avait prodigué le dévoûment du magistrat en même temps que celui du médecin habile. Une pareille distinction fut accordée, par Sa Majesté, à M. Dellisse-Engrand, Maire de Béthune, qui sait user généreusement, au profit de la ville qu'il administre, d'une grande fortune ; et qui, notamment, a largement concouru de ses deniers à la belle et hardie restauration de l'Eglise principale de cette ville ; enfin, à M. Graux, membre du Conseil général et Maire de St-Pol, dont, en toute occasion, il sait défendre chaudement les intérêts.

L'Etat-Major de la Place d'Arras présenta, ensuite, ses hommages et fut suivi par le Tribunal et la Chambre de Commerce, puis par MM. les Juges-de-Paix.

Aucun département n'offre à l'Instruction publique un contingent de fonctionnaires plus nombreux que celui du Pas-de-Calais, depuis les grades élevés de la hiérarchie jusqu'aux instituteurs et aux institutrices qui se comptent par milliers.

Certes, ces braves gens, que Leurs Majestés reçoivent aux Tuileries, se seraient volontiers arrachés, pour un jour, aux soins de leur labeur quotidien, afin de saluer au chef-lieu du département le Souverain qui a tant fait pour eux. Il eût été satisfait de voir défiler devant lui la pacifique armée, qui livre nuit et jour, aux écoles du matin comme aux classes du soir, une guerre implacable à l'ignorance et à l'immoralité.

Sentinelles avancées de la société, nos instituteurs doivent s'inspirer du noble apostolat, que leur chef éminent remplit avec une conviction si ardente et une persévérance si courageuse. La France leur devra, un jour qui n'est pas éloigné sans doute, d'avoir des électeurs capables de lire le bulletin de leurs votes et des soldats en état d'écrire, eux-mêmes, celui de leurs victoires.

Mais, par cela même qu'elle était trop nombreuse, la cohorte scolaire dût être réduite à ses commandants. L'Inspecteur d'Académie, les Inspecteurs primaires, les Professeurs de l'Ecole secondaire de Médecine, l'une des mieux dirigées et des plus savantes de l'Empire, ainsi que l'attestent les vérités indiscutables de la statistique ; les Professeurs du Lycée Impérial de St-Omer, ceux du florissant Collége communal d'Arras, formaient un contingent déjà fort important et que l'Empereur et l'Impératrice reçurent avec une visible sympathie.

Le Pasteur de l'Eglise réformée, les Ingénieurs des Ponts-et-Chaussées, ceux des Ports, qui dirigent, en ce moment, les grands et magnifiques travaux du bassin à flot de Boulogne, destiné à vaincre les caprices de la marée et à rendre incessamment accessible le port, déjà si considérable, de cette grande ville de plus de 50,000 habitants ; les Ingénieurs des Mines, qui ont dans leurs attributions toutes nos fécondes houillères ; furent, ensuite, successivement présentés et accueillis avec la même affabilité.

Les Administrations financières, qui servent avec tant de modestie, tant de savoir et d'intégrité que tous les Etats de l'Europe nous envient, à bon droit, leur irréprochable organisation et leur personnel d'élite, peuvent trouver que le décret de messidor, ne prévoyant pas, sans doute, la grande et honorable place qu'elles tiendraient, un jour, dans le gouvernement, a eu tort de les passer sous silence, et de ne leur laisser, ainsi, qu'un rang secondaire et parmi les emplois innomés.

L'accueil qu'ont reçu M. le Trésorier-Payeur général, qu'on signale comme un lettré fort recommandable, MM. les Directeurs et Employés supérieurs des Contributions directes, de l'Enregistre-

ment, des Douanes, des Contributions indirectes, des Tabacs, des
Postes, des Forêts, des Transmissions télégraphiques, prouve que
Leurs Majestés savent remettre à leur vrai rang tous les mérites et tous les dévoûments. Ces Administrations n'ont, d'ailleurs, pas été oubliées dans les témoignages de la satisfaction
du Souverain, et le chef de l'une d'elles, M. Brichet, Directeur
de l'Enregistrement et des Domaines, récemment arrivé dans le
Pas-de-Calais, a reçu la croix de la Légion-d'Honneur.

En dehors des fonctionnaires du gouvernement, on aurait eû à
présenter, si le temps l'avait permis, beaucoup d'institutions dont
quelques-unes, telles que les Sociétés de Secours mutuels, les
braves médaillés de Ste-Hélène, vétérans, de plus en plus rares,
de ces phalanges épiques et déjà légendaires du premier Empire,
s'étaient groupées sur le passage de Leurs Majestés.

Une exception devait, toutefois, être faite pour l'Académie Impériale des Sciences, Lettres et Arts d'Arras, qui n'est pas seulement l'une des plus anciennes de France, mais qui, peut-être,
par cela même qu'elle a des aïeux, tient à honneur de continuer
leurs laborieuses et savantes traditions et d'occuper, dans le
monde des lettres, un rang de plus en plus distingué.

A la Société centrale d'Agriculture était réservé le même honneur.

L'une et l'autre reçurent de Leurs Majestés l'accueil le plus
gracieux et le plus bienveillant.

Les réceptions se sont terminées par les légionnaires et les
anciens officiers, nobles débris de nos armées, qu'on ne peut voir
sans une émotion mêlée d'orgueil.

L'Empereur et l'Impératrice descendirent alors du trône et
l'entretien avec les hauts fonctionnaires restés présents, c'est à
dire le Préfet, le Général, le Maire, MM^{mes} Paillard et Plichon,
prit un caractère moins solennel et permit de signaler à LL. MM.
les besoins du pays dont elles s'informaient avec un vif intérêt.

Notre position vis-à-vis de M. le Préfet du Pas-de-Calais nous
interdirait toute appréciation, si nous ne nous étions imposé la
tâche d'écrire une page de l'histoire locale, et si la vérité n'exi-

geait que nous constations le rôle considérable qu'il a nécessairement tenu dans cette circonstance.

D'autres diront à quelle hauteur il a su élever le courage civil et les nobles blessures reçues par lui pour la défense de l'ordre et de la Société. Mais ce qu'il nous sera permis d'affirmer, c'est que nul administrateur n'a plus consciencieusement et plus profondément étudié les besoins d'un département. Aucun des intérêts nombreux qui, se groupant en une sorte de faisceau, aboutissent à la Préfecture ne le trouve indifférent ou distrait. Il sait tout, il voit tout par lui-même ; et, si fidèles que puissent être ses auxiliaires, il a cette consciencieuse et rare qualité, de prendre et de garder à lui seul toute la responsabilité de son administration.

Personne donc, mieux que lui, ne pouvait renseigner l'Empereur sur la situation politique du pays. Elle n'avait pas besoin de commentaire, au milieu des manifestations énergiques de sa fidélité et de son dévoûment, qui par leur unanimité et leur spontanéité attestaient aussi une satisfaction que l'on ne trouve pas chez les populations mal administrées. Mais il devait appeler l'attention de Sa Majesté sur les progrès qui s'imposent, avec d'autant plus de force, que la situation matérielle et morale est déjà plus prospère. C'est en effet la loi. Le mouvement engendre le mouvement et, dans les pays qui ont pris leur essor, ne plus s'élever c'est descendre. Il faut donc continuer et développer cette prospérité agricole, industrielle et commerciale, qui nous a placés si haut, et donner à notre département les grandes et radicales améliorations qui lui sont nécessaires.

Il ne convenait pas, sans doute, dans les rapides instants qu'il pouvait nous consacrer, d'arrêter la pensée du Souverain sur des détails secondaires, mais il était indispensable de lui rappeler que la grande ligne des chemins de fer du Pas-de-Calais, qui doit le traverser de l'Ouest à l'Est et du Nord au Sud, appelle une solution immédiate et que d'heureuses combinaisons, adoptées par le Conseil général, faciliteront de la manière la plus profitable à tous les intérêts.

D'autres lignes, projetées pour desservir Aire et Bapaume, touchent à l'heure de la réalisation. Il en est de même du magnifique bassin à flot de Boulogne, qui sera l'une des grandes œuvres du règne de Napoléon III. Mais quand les flottes commerciales prendront ce chemin facile, il ne faut pas qu'elles oublient celui de Calais, où l'espace fait défaut et où l'agrandissement du bassin est devenu d'une impérieuse nécessité.

La conciliation des intérêts rivaux de l'Agriculture et de la Navigation exige, dans les plaines voisines de l'Aa et sur d'autres points du *Pays-Wattringues* (humide, aqueux), des travaux considérables, qui se traduiront par la création d'émissaires spéciaux et indépendants vers la mer. La navigation de nos canaux est encore intermittente et se relie mal aux grandes voies qui mettent Paris en communication avec le Nord. L'amélioration de la Scarpe et du canal d'Aire à Labassée, est surtout urgente, et les deux millions et demi que cette double entreprise exigera seront de ceux qui rendent au centuple les sacrifices de la semence.

Toutes ces graves affaires, longtemps élaborées et mûries par le Conseil général, ont été respectueusement exposées à Sa Majesté, dans des résumés rapides et saisissants, où quelques lignes et quelques chiffres suffisent aux démonstrations les plus péremptoires.

Il est une autre question, ou plutôt un autre vœu que, depuis de longues années, le Conseil général ne se lasse pas d'émettre, avec une infatigable persistance et que son Président est chargé d'adresser directement, lui-même, à S. Exc. le Ministre de l'Intérieur, afin de bien constater l'intérêt tout exceptionnel qu'il inspire à cette assemblée. C'est celui de l'érection de la Préfecture à la 1re classe. Ce vœu, renouvelé dans la session, qui s'achève au moment où nous écrivons, ira, une fois encore, attester, par les motifs les plus irréfutables, les droits d'un département, que le premier Empire avait déjà, il y a plus de soixante ans, égalé à la plupart de ceux que les classifications nouvelles ont élevé à l'honneur du premier rang. En effet, Rome, Bruxelles, Naples, Turin, et quel-

ques autres capitales formaient seules, à cette époque, la première série de nos Préfectures, dans un Empire qui avait tant de
royaumes pour simples départements.

Ces légitimes aspirations, que des raisons de haute convenance
ne permettaient pas au Préfet de signaler à l'attention de Sa Majesté l'Empereur, lui ont été, cependant, exprimées avec l'autorité
d'une conviction entière, par l'honorable Maire du chef-lieu qui
s'est fait, à propos, l'interprète du Conseil général, dont il est l'un
des membres les plus distingués. « Une seule chose, n'est point à
sa place dans ce grand et beau département, aurait dit M. Plichon,
c'est le rang d'une Préfecture qui administre 800,000 habitants
et des intérêts tellement importants, qu'en réalité, un seul département nous précède. »

L'Empereur a promis que toutes les questions, soumises à son
appréciation, seraient examinées avec le soin et l'intérêt qu'elles
comportent et recevraient la solution la plus prompte et la plus
favorable possible.

Ce n'était pas seulement pour le département, dont il s'était à
propos fait l'avocat, que M. le Maire d'Arras avait à solliciter
Sa Majesté. Depuis le rétablissement de l'Empire, quatre des
portes de la ville ont été complétement reconstruites ou radica-
lement améliorées. Une seule, sur une route où se concentre un
grand mouvement, offre encore un passage dangereux, incom-
mode et presque toujours insuffisant. La ville est, comme d'habitude, disposée à participer aux sacrifices de l'Etat, en vue de travaux qui auront pour double résultat de satisfaire aux nécessités
de la circulation générale et aux améliorations que réclament
les abords d'un quartier populeux.

Une question vitale, pour plusieurs de nos faubourgs, surtout
pour le faubourg Ronville, c'est l'affranchissement, ou du moins,
l'atténuation des charges que font peser sur la propriété les servitudes militaires. Aujourd'hui que tout se transforme dans
l'art de la guerre, certaines prohibitions paraissent moins nécessaires que par le passé, et il importe d'étudier, avec soin, les con-
cessions qui pourraient être faites, sans nuire à la sûreté de la

défense, que le patriotisme de nos populations sait généreusement mettre, lui-même, au-dessus des intérêts particuliers. Il y
aurait, même, à examiner si une transformation radicale du sys-
tême des fortifications, de ce côté de la Place, n'aurait pas l'avan-
tage de servir ces intérêts et de rendre à la fois plus inexpu-
gnables encore nos vaillantes murailles.

La solution de ces deux questions qui, avec celle de l'érection
d'une tour à la Cathédrale, ont une grande importance pour
Arras, fera l'objet de l'examen personnel de Sa Majesté qui est
venue, comme elle l'a dit elle-même, s'enquérir de nos besoins
afin de les satisfaire.

Un touchant épisode a signalé la suite de ces conversations
presque intimes.

Il est impossible d'approcher Sa Majesté l'Impératrice sans
que des pensées de bienfaisance et de charité ne surgissent à l'esprit.

Il est un homme, dans Arras, simple professeur de l'Ecole ré-
gimentaire du Génie, qui depuis de longues années, comme de-
vise des armoiries qu'il serait digne de porter, si l'on en donnait
à toutes les noblesses du cœur, pourrait inscrire le mot : *Bienfaisance*. Il avait sû prélever, sur une fortune modeste, des géné-
rosités royales, et trouver dans l'immense amour des pauvres,
le secret de multiplier ses bienfaits. La piété filiale, l'honnêteté
des serviteurs, la probité des ouvriers, toutes les vertus des classes
laborieuses étaient encouragées et annuellement dotées par lui ;
aussi, son nom populaire, béni tous les jours par ceux qui
souffrent, sortit le premier de l'urne électorale, parmi les élus
de la cité.

Tant de largesses ne suffisaient pas à son ambition du bien.

Il existait, dans la vieille citadelle d'Arras, un temple en ruines,
bâti sous Louis XIV, par Vauban, et que la réaction irréligieuse
de 1830 avait converti en un magasin qui, chaque année, se dé-
labrait davantage.

Mêlé tous les jours aux soldats du 1er régiment, ses élèves, ses
obligés, ses amis, M. Grandguillaume, eût la pensée de relever

la croix abattue sur cet autel profané, et d'associer à son œuvre tous ces braves militaires français qui ne rougissent pas d'être chrétiens, et qui se plairont à prier dans une chapelle restaurée par leurs propres mains.

Mais la question d'argent se pose partout. Elle n'embarrasse pas M. Grandguillaume. Ses goûts sont plus simples encore que sa fortune n'est limitée. Il prendra dans sa propre caisse toutes les ressources nécessaires à l'exécution de son pieux projet, comportant non-seulement la restauration de la chapelle mais encore l'entretien du prêtre destiné à la desservir.

Notre saint Evêque, toutes les autorités militaires, le Ministre de la Guerre, lui-même, applaudirent au zèle chrétien du généreux bienfaiteur. Il y a quelques mois, à peine, une touchante cérémonie installait de nouveau le culte dans l'Eglise, transformée et rajeunie avec tant de splendeur, que cette seconde jeunesse était, assurément, plus brillante que la première.

Nous avons tout lieu de croire que les chefs immédiats de M. Grandguillaume, dans la hiérarchie dont il dépend, en qualité de professeur militaire, avaient d'abord sollicité pour lui, une haute et tout à fait exceptionnelle distinction. Mais, par un motif que nous devons ignorer, cette récompense n'était point encore arrivée, lorsque M. Plichon, recevant les félicitations de ce digne citoyen, conçut la généreuse pensée de l'associer à sa propre reconnaissance en obtenant en sa faveur le grade dont il venait d'être lui-même honoré. Il savait que le cœur de l'Impératrice est bon juge en matière de bienfaisance, et c'est par l'irrésistible ascendant de sa gracieuse protection qu'il demanda la croix d'Officier de la Légion-d'Honneur pour M. Grandguillaume, qu'il avait déjà eu l'honneur de signaler à l'attention de Sa Majesté, lorsqu'elle daigna recevoir la députation du Conseil municipal d'Arras.

Une telle intercession est irrésistible et l'Empereur dut y déférer, d'autant plus volontiers, que la demande du Maire d'Arras était appuyée auprès de lui par MM. le Général Inspecteur du Génie et le Général de Bellecourt, qu'un heureux hasard fit intervenir, au moment même où M. Plichon signalait tous les titres de M. Grandguillaume, à la faveur demandée pour lui.

L'honorable professeur fut rappelé et apprit, de la bouche même de l'Empereur, dont il reçut les félicitations, sa promotion dans la Légion-d'Honneur.

De son côté, M. Paillard, toujours jaloux de montrer le haut intérêt dont il entoure les vrais mérites, obtenait un succès du même genre. Leurs Majestés avait remarqué l'église de la Sainte-Chandelle, mais elles ignoraient que l'architecte, auteur de ce monument, avait construit, dans les plus vastes proportions, la belle Cathédrale gothique de Genève qui honore, en-dehors même de nos frontières, le talent d'un artiste français ; l'Fglise paroissiale du Saint-Cordon, à Valenciennes ; celles du Saint-Sacrement et de Saint-Géry, à Arras ; et une foule d'autres édifices religieux, dont l'énumération serait trop longue, mais parmi lesquels il convient de citer les Eglises romanes d'Oisy-le-Verger, d'Oignies, etc.

Tant de travaux ont prématurément usé la vue de l'habile architecte, que les coups redoublés de la mort viennent de frapper dans les plus légitimes et les plus saintes affections de la famille. M. Grigny lui-même, gravement indisposé, n'a pu se transporter à l'Hôtel-de-Ville pour recevoir, des mains augustes qui les lui accordaient, les insignes de Chevalier de la Légion-d'Honneur. La remise de cette croix, que M. le Préfet s'est empressé d'aller porter au malade, comme un de ces viatiques fortifiants destinés à ramener vers la vie, fut l'objet d'une intime et émouvante cérémonie, en présence de la famille reconnaissante et des amis satisfaits de l'artiste, resté pauvre au milieu de travaux qui auraient pu édifier bien des fortunes.

Leurs Majestés prolongeaient, avec une sorte de satisfaction, les instants qu'elles devaient consacrer à la station de l'Hôtel-de-Ville. On voyait qu'elles se sentaient en pays ami, en véritable famille ; elles exprimaient hautement leur satisfaction pour un accueil, qui dépassait évidemment toutes les espérances, et leur admiration pour les voies magistrales, pour les monuments et surtout pour l'Hôtel-de-Ville qu'elles venaient de visiter. « Vous administrez une bien grande et bien belle ville, » dit à plusieurs reprises S. M. l'Impératrice à M. le Maire.

Arras recueillera, avec une vive et profonde reconnaissance, cette appréciation, qui serait vraie à tous les points de vne, si les industries qu'elle peut alimenter et l'immense population qu'elle devrait contenir, ne préféraient se développer un peu plus loin de ses murs, afin d'éviter les entraves que les prévisions de la guerre imposent aux travaux de la paix, dans les places fortes de nos frontières.

Il fallut cependant partir : Lille attendait, et l'Empereur sait très-bien que l'exactitude est la politesse des Rois.

Rue Saint-Géry. — Places Saint-Géry et des Etats

Le cortége se remit en marche, dans le même ordre qu'à son arrivée, et parcourut la rue St-Géry, dont les décorations variées étaient de l'effet le plus gracieux et le plus pittoresque. On remarqua beaucoup des lustres, aux proportions colossales, uniquement composés de tuyaux de pipes, et terminés par des verroteries, légèrement agitées en l'air, et qui donnaient, par leur mouvement, les gammes un peu vagues, mais harmonieuses, des harpes Eoliennes.

Ces lustres avaient été imaginés, nous a-t-on dit, par un officier supérieur de la garnison, le lieutenant-colonel Voinand, du 26e de ligne, qui sait allier, avec un rare bonheur, aux courageuses et nobles ardeurs du sentiment militaire, les conceptions plus calmes et le talent plus pacifique de l'artiste, et dont les belles sculptures excitent une admiration méritée.

La place St-Géry offrait un spectacle inattendu et original. De même que les mines s'étaient, en quelque sorte, transportées à Arras, de même aussi, la mer semblait avoir voulu quitter ses rives pour ondoyer aux pieds de Leurs Majestés. Quel que fût le degré de l'illusion possible, Elles purent voir manœuvrer sous leurs yeux un bateau de pêche de grandeur presque naturelle, dont l'équipage avait été fourni par la marine de Calais et qui, par une inspiration très-certainement venue d'un cœur maternel, avait reçu le nom du « *Prince Impérial.* »

Autour de ce navire, qui portait fièrement les couleurs nationales, vinrent se grouper toutes les députations des ports, qui avaient déjà salué Leurs Majestés sur le perron de la Cathédrale et qui reçurent, de nouveau, l'accueil le plus sympathique.

L'Impératrice avait vu les fleurs qu'on lui destinait et, comme elle a, par-dessus tout, la mémoire au cœur, ce fut quelques jours après son passage, avec une douce surprise, mais avec une profonde joie, que les matelottes de Calais de Boulogne et du Portel reçurent trois montres en or, avec chaînes du même métal, offertes par Sa Majesté. Le présent devait-il échoir à la plus vieille ou à la plus jeune ? à la plus ou à la moins belle ? Grave question, que la logique humaine eût fort difficilement résolue et qu'on aima mieux, croyons-nous, laisser à l'aveugle impartialité du sort le soin de trancher.

L'Agriculture et les industries qui en dérivent, telles que les sucreries, les distilleries, etc., avaient, ainsi que nous l'avons dit, érigé trois vastes trophées sur la place de la Madeleine. Mais elles n'avaient que partiellement représenté le mouvement industriel dont les organes sont infinis.

Nous possédons, en effet, de puissants ateliers que les poètes du dernier siècle auraient pris pour les antres de Vulcain, et d'où sortent, aujourd'hui, ces instruments vivants et intelligents qui substituent, en la multipliant dans d'incommensurables proportions, leur force à celle de l'homme et à celle des animaux, qui furent si longtemps nos seuls auxiliaires.

Le monument de l'Industrie du Pas-de-Calais, construit sur la place des Etats, était dû à la collaboration de deux artistes qui ont sû trouver les dispositions les plus ingénieuses et les mieux réussies. Les données générales du dessin ont été fournies par M. Desavary-Dutilleux ; les matériaux divers ont été mis en œuvre par un jeune architecte, M. Gieseler, récemment placé à la tête des travaux du département, et dont le talent, trop maintenu dans une ombre discrète et modeste, se révèle, en toute occasion, avec cette rare et précoce maturité que donnent seules les fortes études et la pratique éclairée des travaux. Ces deux artistes ont été secondés très-efficacement par M. Surrugue, Conducteur des Ponts-et-Chaussées.

Il eût été difficile de mieux utiliser et de mettre en un relief plus habile, des objets destinés à tout autre usage et qui semblaient ici, se prêter avec une rare complaisance à toutes les données d'une construction architecturale et régulière.

C'est ainsi que les colonnes cannelées du motif principal, supportant un large dôme en fer élégi, surmonté de la couronne impériale en bronze doré, se trouvaient, tout naturellement, formées par un faisceau de tuyaux en cuivre poli. Il fût procédé de même, mais dans des proportions plus grandes, pour l'ornementation de deux autres colonnes, placées en avant, et réunies aux précé dentes par deux grands panneaux posés en biais.

Des roues à engrenage semblaient avoir été taillées tout exprès pour former les soubassements et les chapitaux de ces étranges colonnes, que surmontaient de grosses boules de cristal argenté. Une grande archivolte, en fer chantourné, par un heureux et délicat à-propos, faisait saillir sur le devant de la coupole, et en grosses lettres d'or, cette phrase extraite du discours de l'Empereur à la distribution des récompenses de l'Exposition universelle :

« LA SCIENCE, EN ASSERVISSANT LA MATIÈRE, AFFRANCHIT LE TRAVAIL. »

Saisissante vérité, qui résume le caractère spécial et la gloire de notre siècle.

Les grands panneaux de droite et de gauche étaient recouverts de feuilles de cuivre rouge, sur lesquelles se détachaient des gloires formées de couvre-joints en plomb, et couronnées de bottes de fils de cuivre et de zinc. Artistement disposés, sur un vaste gradin qui supportait le motif principal, composé du double cylindre d'une machine à vapeur, du système Wof, avec roues à engrenages, et diverses autres pièces habilement groupées, s'étageaient des presses et des bronzes monétaires, des boulets cylindro-coniques de grandes dimensions, des modèles et des métaux divers.

Enfin, deux grandes colonnes isolées étaient garnies, l'une de velours écrus, avec couronnement de bobines et de broches, l'autre de cuirs tannés de diverses couleurs et de maroquins avec couronnement de peaux d'agneaux.

Les quatre socles, placés à la suite et en avant de ces colonnes, étaient surmontés, pour les deux plus proches, de calorifères à air chaud brûlant leur fumée; pour les deux plus éloignés, d'un groupe de pipes et d'un autre de produits de stéarinerie.

Le pavé de l'emplacement réservé, entre le grand gradin et la clôture, du côté de la rue St-Géry, avait été recouvert d'un tapis de feuilles de cuivre sur lequel étaient disposés, très-avantageusement, des monceaux de saumons de plomb et de gueuses, des rouleaux de feuilles de zinc, des balles de coton et d'écorces de Chêne, des groupes de verrerie et de poterie, des toiles, divers ouvrages en crin, des métiers à bas; enfin, un mobilier complet de jardin, des clôtures en fer creux et des poèles-calorifères usités dans le pays.

Le tout se rattachait à la décoration générale de la rue par des mâts plantés en hémicycle, ornés d'écussons, d'oriflammes et de drapeaux, et reliés entr'eux par de larges draperies.

Cette ingénieuse exposition avait réuni des échantillons de la plupart des produits de nos grandes et de nos petites usines et manufactures. Elles attestaient suffisamment la puissance des fonderies de MM. Kétin, à Blangy-lez-Arras; l'importance tout à fait exceptionnelle des magnifiques établissements de MM. OEschger, Mesdach et Cie, à Biache-St-Vaast, l'une des plus remarquables usines de France, où le cuivre, le plomb, le zinc se travaillent avec une supériorité éclatante et qui fournit de bronze presque tous les ateliers monétaires de l'Europe. Les fers élégis, dont la vogue grandit toujours, étaient dus à l'établissement de M. Grassin-Baledans, qui prend des proportions de plus en plus vastes et qui porte ses succursales jusqu'au centre de Paris.

Les velours de l'usine Maillavin, à Marœuil ; les cuirs et les peaux de M. Mesureur, à Arras ; les produits de la stéarinerie Daire et Chamonin, de la même ville ; les pipes de M. Gonsseaume, les toiles diverses de la maison Charruey, les calorifères fumivores de M. Leplant-Capet, les métiers à bas de la maison Delétoille-Colin, les beaux produits de la grande verrerie d'Arques, les poteries émaillées d'Arras et jusqu'aux plumes métalliques de M. Libert, à Boulogne, témognaient d'une riche production industrielle, que bien peu de départements pourraient élever au même niveau.

Leurs Majestés remarquèrent beaucoup ce magnifique trophée et daignèrent manifester une impression favorable, au spectacle de tant de richesses, qui stimulent à la fois l'activité des producteurs et celle des consommateurs.

Départ de LL. MM. l'Empereur et l'Impératrice.

La visite d'Arras touchant à sa fin, le cortège Impérial, après avoir parcouru la rue St-Géry, reprenait la rue Ernestale et la rue Ronville, puis le chemin de la gare.

Avant de franchir de nouveau la porte Napoléon, une inscription touchante frappa les regards de Leurs Majestés. Au-dessus de cette porte un immense cartouche décoré d'aigles et de drapeaux portait ces mots :

A Leurs Majestés l'Empereur et l'Impératrice,
la ville d'Arras reconnaissante.

Ce remercîment n'était pas écrit seulement sur la porte ; les cent mille personnes qui s'étaient pressées dans les rues d'Arras, sur les pas de Leurs Majestés, le répétaient aussi, et tout le monde était heureux de cette visite, si courte qu'elle eût été.

Le Préfet, le Général, le Maire, reconduisirent l'Empereur au chemin de fer et reçurent, de nouveau, l'expression bienveillante et plusieurs fois réitérée de la satisfaction de Leurs Majestés, pour l'accueil enthousiaste et profondément sympathique dont elles avaient été l'objet dans la vieille capitale de l'Artois. On nous a même assuré que les splendeurs des fêtes de Lille n'ont pas effacé dans leur cœur le souvenir de l'accueil d'Arras, qu'elles se sont plu à le rappeler au milieu de ces fêtes.

Il est à peine besoin de dire que, selon leur généreuse habitude, les Augustes visiteurs ont voulu qu'il y eut fête aussi, chez les pauvres, à la suite de leur passage, en laissant au Préfet et au Maire le soin de distribuer d'abondants secours.

Le soir, les brillantes illuminations des édifices publics et des maisons particulières, prolongeaient l'illusion, dans les rues encore parées et que sillonnait une foule compacte d'habitants et d'étrangers. On eût dit que Leurs Majestés étaient encore dans nos murs. Leur souvenir y était tout entier et y vivra long-temps.

Des nombreux étrangers que la fête d'Arras et le passage de Leurs Majestés avaient attirés dans la ville et qui s'y étaient facilement rendus, grâce à l'activité intelligente de la Compagnie du Nord, un grand nombre se joignit à ces flots, de plus en plus pressés, que tons les trains ordinaires et supplémentaires versaient à Lille.

Nos Députations communales et nos Compagnies de Pompiers, pour lesquelles M. le Préfet avait obtenu des transports à prix réduits, accordés avec un patriotique empressement par les Administrateurs de cette puissante Administration, purent repartir, dès le soir ou le lendemain. En portant dans nos villages le récit de la réception enthousiaste qu'ils avaient faite à l'Empereur et à sa noble Compagne, ils ont pu associer toutes nos braves populations rurales, dont le cœur les suivait, à ces énergiques manifestations.

Cette journée du 26 août restera une date mémorable pour le chef-lieu et pour tout le département du Pas-de-Calais.

Comme le premier voyage de l'Empereur, elle sera le point de départ d'une activité nouvelle et dans les forces productives du pays et dans la marche des branches nombreuses de l'Administration. Les divers fonctionnaires pourront plus résolument formuler les vœux, dont ils sont les interprètes auprès du gouvernement. Ils parleront à des Souverains qui auront vû de leurs propres yeux.

Voilà pourquoi nous avons pensé qu'il pourrait être utile de réunir les divers épisodes de cette journée et d'en conserver le souvenir, ailleurs que dans ces feuilles éparses des journaux, dont les collections sont rares et qui, à la date du 26 août, ne se retrouvent déjà que bien difficilement.

Nous sommes entrés dans des détails minutieux, quelquefois, parceque les moindres circonstances ont, dans ces grandes occasions, leur signification et leur portée.

On nous reprochera, peut-être, une admiration trop facile et un parti pris de satisfaction invariable. Ces reproches ne seraient pas mérités.

Nous avons vû et entendu tout ce que nous avons rapporté. Ceux qui ont été témoins des immenses et splendides préparatifs faits pour la réception de Leurs Majestés, et surtout de l'ivresse véritable du peuple, nous trouveront, probablement, bien pâle et bien au-dessous de la vérité.

Comme nous l'avons dit plus haut, il est des scènes que l'on voit, que l'on comprend, que l'on sent au frisson électrique dont on est soi-même saisi mais que l'on ne peut pas traduire.

Nous ne connaissons pas les destinées de ce petit ouvrage : Le temps seul, en s'écoulant, lui donnera, peut-être, un jour, quelque prix pour les curieux qui aiment à interroger, dans le passé, tous les détails de l'histoire. Mais, dès à présent, on y trouvera l'expression consciencieuse et désintéressée de notre admiration pour les monuments d'Arras, de notre profonde et juste estime pour les hommes chargés des affaires publiques et de notre foi dans le magnifique avenir du département dont cette ville est le chef-lieu.

Initié, depuis dix ans, à la connaissance des hommes et des choses, dans ce pays qui n'est pas le nôtre et auquel nous n'avons demandé qu'une adoption passagère, nous avons vu déjà de grands progrès s'accomplir. Il nous a été facile de mesurer les forces, dont le mouvement régulier et continu ne peut pas s'arrêter, et nous restons convaincu de la supériorité, de la grandeur, de l'importance exceptionnelles du Pas-de-Calais. Aussi, de si loin que ce soit et si humble que puisse être notre voix, nous résumerons toutes nos impressions en un seul mot : RECONNAISSANCE pour le passé, CONFIANCE pour l'avenir !

DÉPARTEMENT DU NORD.

Il ne peut entrer dans notre plan de suivre Leurs Majestés dans leur voyage à Lille, dans leurs excursions à Roubaix, à Tourcoing, à Dunkerque et leur visite à Amiens, en entrant dans les mêmes détails que pour leur passage dans notre ville.

Il faut avoir vû pour être un chroniqueur fidèle et complet, et nous laissons à d'autres le soin d'écrire ces pages de l'histoire locale, comme nous les avons écrites pour Arras.

Toutefois, nous croyons devoir, pour compléter ce récit, donner ici une relation abrégée de ce voyage dans laquelle nous nous sommes surtout attaché à reproduire le texte des harangues officielles.

LILLE.

Soirée du 26 Août 1867.

A quatre heures et demie, l'Empereur et l'Impératrice ont fait leur entrée dans Lille. Malgré une pluie battante, toutes les fenêtres pavoisées, depuis la gare jusqu'à la Préfecture, étaient garnies de femmes agitant leur mouchoir. Plus de cinq cent mille personnes formaient la haie sur le passage des augustes visiteurs et les ont acclamés avec un enthousiasme qui n'a jamais été dépassé.

Un incident caractéristique et touchant avait redoublé les sympathies populaires.

Au moment de monter en voiture, Leurs Majestés, s'étant aperçues qu'on abaissait le capotage de leur voiture, avaient donné l'ordre de le relever immédiatement : « Nous pouvons » bien nous mouiller nous-mêmes, aurait dit l'Empereur, lorsque » tant de milliers de braves gens se mouillent pour nous voir. »

Tout le monde fut profondément touché de cette *politesse souveraine*, plus méritoire encore que l'exactitude. Mais on plaignait l'Impératrice, dont les vêtements légers étaient littéralement inondés et qui compromettait, ainsi, une santé précieuse et chère.

Mais Sa Majesté a toutes les imprudences du cœur.

En recevant les Souverains à la gare, et en lui remettant, selon le cérémonial ordinaire, les clés de la ville, M. Crespel-Tilloy, Maire de Lille, jeune et habile Magistrat, dont l'administration promet d'être féconde, s'est exprimé en ces termes :

« Sire,

» A pareille époque, il y a deux siècles, un prince dont le nom est glorieusement inscrit dans les fastes de l'histoire, Louis XIV, entrait en conquérant dans cette ville, et les habitants, rendant hommage au vainqueur, se félicitaient d'une défaite qui leur assurait la qualité de Français.

» Aujourd'hui, Sire, ce n'est plus un vainqueur qui entre dans nos murs, c'est un Souverain qui vient, sous le régime de la paix, et aux acclamations du peuple, visiter la cité rajeunie et transformée par sa volonté puissante. La municipalité éprouve un sentiment d'orgueil en lui présentant, comme un symbole d'autorité, ces cleés qu'en 1792 l'ennemi n'a pu arracher des mains patriotes de nos pères.

» Il était réservé à Napoléon III de couronner avec éclat l'œuvre de Louis XIV, en y ajoutant un caractère de grandeur qui élève

le chef-lieu du Nord au premier rang des places de guerre de
l'Europe et des métropoles de l'industrie.

» A votre voix, ces murailles qui avaient soutenu des siéges
mémorables, sont tombées pour se relever plus loin, laissant
derrières elles de vastes espaces destinés, sous votre inspiration
philanthropique, à l'établissement de nouvelles demeures dans
des conditions larges et salubres.

» L'ancienne capitale des Flandres à quadruplé d'étendue,
et, simultanément, sa fortune immobilière s'est accrue considéra-
blement.

» Votre haute et féconde initiative, Sire, est venue développer,
comme par enchantement, les germes de prospérité que recé-
laient des terrains rendus improductifs, jusque-là, par le veto des
servitudes militaires.

» Que Votre Majesté contemple donc son ouvrage avec satisfaction et daigne accueillir les témoignages d'amour et de dévoûment d'une population reconnaissante, dont les aspirations
répondent sympathiquement à vos grandes vues.

» Vouée au travail et amie du progrès, cette population se sent
soutenue dans ses espérances et rassurée sur son avenir, par la
foi qu'elle a dans le génie tutélaire de Votre Majesté, dans vos
sentiments de justice distributive, dans la constante et paternelle
sollicitude qui vous anime pour les intérêts du peuple.

» Elle sait aussi que partout où il y a des souffrances à soulager, des consolations à répandre, les malheureux peuvent avec
confiance élever les yeux vers notre Auguste Souveraine, toujours prête à donner l'exemple de la bienfaisance et de toutes les
vertus qui sont le plus bel ornement de la couronne. Nous vous
rendons grâce, Madame, d'avoir exaucé notre vœu le plus cher,
en accompagnant ici l'Empereur.

» Votre apparition parmi nous, en cette solennelle circonstance, est un précieux encouragement pour le patronage de nos
institutions charitables, des œuvres si méritoires de la maternité,
des écoles, des salles d'asile, qui sont placés sous votre haute
protection.

» Que Vos Majestés daignent accueillir, avec leur bienveillance
accoutumée, l'expression des sentiments dont je me rends ici
l'interprète, au nom de mes concitoyens, et qui se résument dans
ce vœu sortant de tous les cœurs français :

> » *Vive l'Empereur !*
> » *Vive l'Impératrice !*
> » *Vive le Prince Impérial !* »

L'Empereur a répondu :

> « Monsieur le Maire,
> » Messieurs,

» Lorsqu'il y a quelques années je vins pour la première fois
» visiter le département du Nord, tout souriait à mes désirs.
» Je venais d'épouser l'Impératrice, et je puis dire que je venais
» aussi de me marier avec la France devant huit millions de
» témoins. L'ordre était rétabli, les passions politiques étaient
» assoupies, et j'entrevoyais pour notre pays une nouvelle ère
» de grandeur et de prospérité.
» A l'intérieur, l'union de tous les bons citoyens faisait pres-
» sentir l'avènement paisible de la liberté, et à l'extérieur, je
» voyais notre glorieux drapeau abriter toute cause juste et ci-
» vilisatrice.
» Depuis quatorze ans, beaucoup de mes espérances se sont
» réalisées, de grands progrès se sont accomplis. Cependant des
» points noirs sont venus assombrir notre horizon. De même
» que la bonne fortune ne m'a pas ébloui, de même des revers
» passagers ne me décourageront pas. Et comment me décou-
» ragerais-je, lorsque je vois d'un bout de la France à l'autre le
» peuple saluer l'Impératrice et moi de ses acclamations, en y
» associant, sans cesse, le nom de mon Fils !
» Aujourd'hui, je ne viens pas seulement fêter un glorieux
» anniversaire dans la capitale des anciennes Flandres, je viens
» m'enquérir de vos besoins, relever le courage des uns, affer-

» mir la confiance de tous et tâcher d'accroître la prospérité de
» ce grand département, en cherchant les moyens de développer
» encore davantage l'Agriculture, l'Industrie et le Commerce.

» Vous m'aiderez, Messieurs, dans cette noble tâche ; mais
» vous n'oublierez pas que la première condition de la prospé-
» rité d'une nation comme la nôtre, c'est d'avoir la conscience
» de sa force, de ne pas se laisser abattre par des craintes ima-
» ginaires, et de compter sur la sagesse et le patriotisme du
» Gouvernement.

» L'Impératrice, touchée des sentiments que vous exprimez,
» se joint à moi pour vous remercier de votre chaleureux et
» sympathique accueil. »

Monseigneur l'Archevêque de Cambrai, en recevant Leurs
Majestés à la porte de la principale église de Lille, a prononcé
le discours suivant :

« Sire,

» Madame,

» C'est pour nous un devoir et une religieuse habitude d'offrir
à Dieu, chaque jour, des prières pour qu'il daigne partout et toujours protéger l'Empereur et son Auguste Famille.

» Cette protection et ces bénédictions divines, nous sommes
heureux, Sire, d'avoir aujourd'hui à les demander au Roi des
Rois, dans un sanctuaire où Vos Majestés Impériales viennent
les implorer elles-mêmes.

En priant au pied des autels, le clergé s'associe, d'ailleurs, cor-
dialement à tous les hommages et à tous les vœux dont Votre
Majesté reçoit l'ardente expression, à son entrée dans cette grande
ville : il partage les sentiments qui inspirent ces populaires et
splendides démonstrations.

» Partout où Elle daignera porter ses pas, en ce vaste diocèse,
Votre Majesté sera, comme Elle a droit de l'être, entourée des
témoignages éclatants de la reconnaissance publique.

» Les populations honnêtes et intelligentes, dont le travail a élevé si haut notre Agriculture et notre Industrie, comprennent ce qu'elles doivent à l'Empereur. Elles savent quel intérêt Votre Majesté porte aux classes laborieuses de la société, avec quelle constante sollicitude Elle patronne tous leurs intérêts, avec quel généreux empressement Elle vole au secours de toutes leurs infortunes.

» Ces sentiments, Sire, la religion les inspire et les commande : nous nous appliquerons toujours, avec un soin consciencieux, à les entretenir dans le cœur des ouvriers chrétiens, au milieu desquels s'exerce notre ministère et s'écoule notre vie.

» Nous ne cesserons de rappeler à tous ceux qui écoutent notre voix, que le respect et la fidélité envers le Souverain sont pour nous des devoirs de tous les temps.

» Puisse notre vigilance pastorale les prémunir contre ces doctrines irréligieuses, qui menacent d'envahir notre société contemporaine, qui abaissent et flétrissent tout ce qu'elles touchent, et qui préparent, avec tous les autres désordres, les troubles politiques, en ôtant aux passions tout frein, aux consciences toute règle.

» Sire, notre Flandre a été catholique, bien des siècles avant de devenir française. La génération qui l'habite actuellement est aussi profondément attachée à la vieille foi de ses pères que vaillamment dévouée à sa nouvelle patrie. Elle laisse avec une égale confiance à la garde de Votre Majesté l'indépendance, dans ses conditions normales, du chef suprême de l'Eglise et la grandeur de la France. Elle sera également reconnaissante de ce que vous continuerez de faire, Sire, pour sauvegarder ces deux grands intérêts de sa foi religieuse et de son patriotisme.

» Madame,

» Lille n'a point oublié qu'elle a eu le bonheur de posséder Votre Majesté dans ses murs, il y a quelques années : le souvenir de cette douce et gracieuse visite est resté vivant dans tous les cœurs. Les bénédictions de nos pauvres suivirent Votre Majesté lorsqu'elle nous quitta. Tous vos pas, Madame, sont ainsi marqués par vos bienfaits.

» Cette charité qui s'exerce chaque jour, avec une si touchante et si modeste délicatesse, mais qui sait, lorsque des grandes calamités lui en offrent la douloureuse occasion, s'élever jusqu'à l'héroïsme, recevra ici-bas même, nous n'en saurions douter, une partie de sa récompense.

» Que cette récompense, Madame, soit celle qui peut le plus toucher votre cœur ! Que le Ciel vous l'accorde en la personne de votre fils ! Que le Prince Impérial vive et grandisse sous la garde de Dieu ; qu'il se prépare, à mesure qu'il avancera en âge, à remplir glorieusement la haute mission que lui réserve la Providence ; qu'il réjouisse la piété de son Auguste Mère ; qu'il comble tous les vœux de l'Empereur, et qu'il réalise toutes les espérances qu'il donne à la Patrie ! »

L'Empereur a remercié l'éminent Prélat, avec effusion, en son nom et au nom de l'Impératrice, de la justice rendue à ses sentiments religieux, et a demandé pour lui et pour la Famille Impériale la continuation des prières du clergé.

Le soir, après un banquet de cent couverts, un splendide concert, dont les fêtes de gala du Grand-Opéra auraient pu être jalouses et où l'on a entendu, entr'autres grands artistes, Adelina Patti, réunissait une foule élégante, qui acclama avec le plus vif enthousiasme Leurs Majestés Impériales, lorsqu'elles parurent dans leur loge.

Journée du 27.

L'Empereur et l'Impératrice ont assisté, le 27, au bal qui leur a été offert par la municipalité de Lille. Dans la journée, LL. MM. l'Empereur, d'un côté, l'Impératrice, de l'autre, avaient, l'un passé des revues et visité de nombreux établissements industriels ; l'autre, obéissant aux nobles et touchantes inspirations de son cœur, porté des consolations partout où se trouvaient des souffrances.

Semant des bienfaits et des récompenses sur leur route, Leurs Majestés purent jouir, avec le sentiment de n'avoir point perdu leur journée, des distractions splendides qui leur étaient offertes le soir. L'aspect de la salle de bal était féérique ; c'est le seul mot qui puisse peindre tant de splendeur. Une seule chose les égalait, c'est l'enthousiasme des milliers d'invités qui se pressaient dans cette fête.

L'Empereur a ouvert le bal avec Mᵐᵉ Crespel-Tilloy, femme du Maire. L'Impératrice avec M. le Maire de Lille.

Journée du 28.

Le mercredi matin, S. M. l'Empereur daigna recevoir à la Préfecture un grand nombre de personnes auxquelles elle voulut bien accorder des récompenses. Nous remarquons dans le nombre, la croix d'Officier donnée à M. Bigo, ancien Maire de Lille, Chevalier depuis 1825, et dont l'énergique et ferme administration, de 1834 à 1848, survivant aux premiers troubles de la Révolution, ne prit fin que lors des fatales journées de juin. M. Bigo n'est pas étranger aux grands intérêts industriels du Pas-de-Calais qu'il sert, malgré son grand âge, avec une activité toute juvénile, soit comme Président du Conseil d'administration de la Compagnie de Lens, soit comme Président du Comité des houillères.

A midi et demi, l'Empereur et l'Impératrice partirent pour Dunkerque, par la gare de St-Sauveur.

D'ardentes acclamations les saluèrent à leur passage à Hazebrouck, où le train impérial s'arrêta quelques minutes, pour arriver à Dunkerque vers deux heures.

Leurs Majestés, accompagnées de S. Exc. M. de Forcade la Roquette , Ministre des Travaux publics, furent reçues par M. Delelis, Maire, à la tête du Conseil municipal et entouré de toutes les notabilités de la ville.

Ce magistrat prononça l'allocution suivante :

« Sire,

» Lorsque vous fûtes sur le trône par la volonté nationale, le front couronné de l'auréole glorieuse du plus grand nom des temps modernes, le peuple français conçut l'espérance que votre règne serait marqué du sceau de la grandeur et de la prospérité.

» Ses pressentiments ne l'ont point trompé : nos aigles victorieuses et les merveilles exposées en ce moment au Champ de Mars attestent à l'univers entier, que la France est toujours la grande nation.

» La patrie de l'héroïque Jean-Bart, devenue par son impor_ tance commerciale, le quatrième port de l'Empire, doit au Gouvernement de Votre Majesté, l'agrandissement de son enceinte, le développement de ses bassins à flot.

» Sire, les cris d'enthousiasme et de dévoûment qui retentissent de toutes parts, témoignent des sentiments d'amour et de fidélité de cette population reconnaissante envers le Souverain qui, pour la seconde fois, daigne l'honorer de sa visite.

» Confiante dans la haute sagesse du Prince qui, depuis bientôt seize ans, préside avec tant d'éclat aux destinées d'un grand peuple et qui entoure d'une égale sollicitude toutes les provinces de son Empire, notre cité ose espérer, Sire, que vous mettrez le comble à vos bienfaits pour elle, en imprimant une active impulsion aux travaux ordonnés par le décret de 1861.

» Sire, avant de déposer ces clés entre les mains de Votre Majesté, qu'il me soit permis de confondre dans mes sentiments d'admiration sincère et de profond respect pour votre personne, l'Auguste Souveraine qui, par les charmes qu'elle répand sur le

8

Trône Impérial, par ses vertus, par ses bienfaits, est la douce et puissante auxiliaire de votre belle mission.

» Sire, puisse la Providence exaucer les vœux que, du fond du cœur, nous formons pour la conservation des jours si précieux de Votre Majesté, pour ceux de l'Impératrice et du Prince Impérial, dont les destinées sont à jamais unies à celles de la France. »

L'Empereur a répondu, autant que la mémoire des auditeurs a pu recueillir les paroles de Sa Majesté, qui n'ont pas été officiellement publiées :

« Monsieur le Maire,

» Je n'ai pas voulu passer si près de Dunkerque sans venir vi-
» siter votre ville. J'ai amené avec moi le Ministre des Travaux
» publics, afin de constater vos besoins, hâter l'achèvement des
» travaux commencés et donner à votre cité le développement
» commercial qu'elle attend.

» Je vous remercie des paroles sympathiques que vous avez
» bien voulu adresser à l'Impératrice, à mon fils et à moi. »

Les populations de la côte ont rivalisé d'enthousiasme avec les populations ouvrières et agricoles, venues à Lille pour saluer Leurs Majestés.

La ville tout entière, comme un navire en fête, était littéralement pavoisée d'oriflammes et de pavillons aux couleurs nationales.

Après avoir prié à la grande Eglise et reçu les autorités à la Sous-Préfecture, l'Empereur et l'Impératrice ont visité en détail le port et les travaux en cours d'exécution.

Cette visite, celle de la ville, partout richement décorée, et celle de divers établissements industriels ont duré jusqu'à six heures environ. Les Augustes voyageurs firent leur rentrée à Lille à huit heures dix minutes, au milieu d'une foule, toujours de plus en plus enthousiaste, et qui les accclamait dans les rues brillamment illuminées, comme la veille, sur leur passage.

Leurs Majestés daignèrent se rendre au second concert de gala organisé en leur honneur, au Grand-Théâtre, où elles trouvèrent les explosions sympathiques dont elles avaient été déjà saluées dans la soirée du 26.

Journée du 29.

—

Les grands centres industriels de Roubaix et de Tourcoing devaient être honorés, le 29, de la visite de Leurs Majestés Impériales.

Une pensée de clémence et de pardon les guidait dans la première de ces deux villes où Elles voulaient effacer les traces des troubles récents qui ont, un instant, effrayé les paisibles citoyens, mais dont l'énergique attitude de l'administration locale et du Gouvernement ont promptement triomphé.

L'accueil fait à Leurs Majestés par ces ouvriers, dont beaucoup avaient pû être un instant égarés, témoignait, d'ailleurs, qu'il n'y avait rien eu de politique dans le mouvement dont ils avaient été, à la fois, les instruments et les victimes. Ils acclamaient l'Empereur avec une ivresse qui redoubla, lorsqu'on connut le décret d'amnistie que Sa Majesté apportait à leurs compagnons, détenus à Loos, et que des estafettes furent chargés de notifier pour une mise en liberté immédiate.

C'est à Roubaix que l'Empereur a reçu le Lieutenant-Général commandant la 2e division territoriale et le Gouverneur de la province du Hainaut, envoyés par S. M. le Roi des Belges pour complimenter l'Empereur et l'Impératrice.

Après avoir visité de nombreux établissements industriels, Leurs Majestés se rendirent à Tourcoing, où elles furent accueillies avec les mêmes démonstrations et le même enthousiasme, et où Elles visitèrent aussi un grand nombre d'établissements industriels.

Le retour de Leurs Majestés à Lille fut signalé par un incident, qui montra, une fois de plus, la bonne grâce et la simplicité de nos Augustes Souverains.

Les équipages de la Cour, par suite d'un malentendu, occasionné par la prolongation du séjour de Leurs Majestés dans les villes de Roubaix et de Tourcoing, ne se trouvaient pas à la gare au moment de leur arrivée.

Un simple fiacre, sur un signe de l'Empereur, eût la singulière fortune de recevoir les hôtes couronnés ; et l'on assure que l'Impératrice, qui connaît peu ce genre de locomotion, s'est fort égayée de cette mésaventure.

DÉPARTEMENT DE LA SOMME.

AMIENS.

Journée du 30.

Leurs Majestés, qui devaient rentrer à Paris le 29, avaient daigné, pour reconnaître l'accueil enthousiaste dont Elles étaient l'objet dans le département du Nord, y prolonger leur séjour jusqu'au 30.

Nous n'avons pas besoin de dire avec quelles nouvelles acclamations Elles furent escortées à la gare, quand vint le moment du départ.

Les adieux de Lille furent touchants, et Leurs Majestés, émues, ne se séparèrent pas sans regrets de cette belle et grande cité.

Mais une fête, plus cordiale encore, les attendait à Amiens ; à Amiens où l'Impératrice avait si vaillamment conquis le droit de cité ; à Amiens qui avait envers Elle la dette de la reconnaissance, et qui tenait à l'acquitter.

C'est au Musée-Napoléon, que la Société des Antiquaires de Picardie désirait faire inaugurer par l'Empereur, comme avait

été inauguré, quatre jours auparavant, l'Hôtel-de-Ville d'Arras,
que Leurs Majestés reçurent les autorités du département.

Partout, sur leur passage, les cris les plus enthousiastes et les
signes les plus sympathiques se produisirent, avec la plus touchante unanimité. Bien des yeux se mouillaient de larmes. On
songeait, en ce jour de joie, aux jours de deuil : Quel état, et quel
état !!... selon la grande parole de Bossuet, si heureusement
rappelée par Monseigneur Boudinet.

En remettant à Sa Majesté les clés de la ville, M. le Maire
d'Amiens s'était exprimé en ces termes :

« Sire,

» La puissance, la bonté et la justice réalisent pour l'homme
l'idéal de la perfection. Ces dons précieux font la gloire de Votre
Majesté ; la France le voit avec un légitime orgueil. Si Votre
Majesté a fait éclater son génie, sa magnanimité sur les champs
de bataille ; si dans la politique Elle a dévoilé toutes les ressources de son esprit, toute la profondeur de ses vues, dans le
Gouvernement de l'Empire Elle a révélé une étude consciencieuse des aspirations et des besoins des peuples, un désir inaltérable de rendre ses sujets aussi heureux qu'il est permis à
l'humanité de l'être, en un mot, toutes les qualités qui chez un
Souverain charment, séduisent, entraînent. L'attachement à
Votre Majesté n'est pas un devoir, il répond à un sentiment qui
vient du cœur, et c'est avec l'effusion de la gratitude et du bonheur que je présente à l'Empereur les clés de sa bonne ville
d'Amiens, si fidèle, si dévouée.

» Madame,

» Alors que nous étions dans le malheur, en proie aux horreurs
d'un des plus grands fléaux qui aient désolé la terre, Votre Majesté, bannissant toute crainte, et donnant l'exemple de l'héroïsme
le plus parfait, est venue, comme un bon ange, nous apporter
des encouragements et d'ineffables consolations. Le souvenir de

tant de dévoûment et d'abnégation est impérissable ; déjà il a
fait le tour du monde. Transmis par nous à nos enfants, il ira,
d'âge en âge, jusqu'aux siècles les plus reculés. Une grande âme
seule a pu inspirer un acte aussi éclatant ; la charité la plus sublime, seule aussi, a pu l'accomplir. Notre respect et notre reconnaissance pour Votre Majesté font désormais partie de nous-
mêmes et ne s'éteindront qu'avec nous.

» SIRE,

» MADAME,

» Par les traces profondes que la Dynastie Napoléonienne a
déjà laissées dans l'histoire, par les grands exemples que Son
Altesse le Prince Impérial reçoit de ses Augustes Parents, il fait
espérer à la France les plus brillantes destinées. De son étoile,
que nous suivons tous des yeux et de la pensée, avec une respectueuse sollicitude, s'échappent des rayons qui présagent la gloire,
la prospérité et le bonheur. Puisse cette étoile briller toujours
de l'éclat le plus vif et faire que l'Empire français reste ce qu'il
est : la première nation du monde !

L'Empereur a répondu :

« Monsieur le Maire,

» Je viens avec l'Impératrice de traverser la France de Stras-
» bourg à Dunkerque, et partout l'accueil chaleureux et sympa-
» thique que nous avons reçu nous pénètre de la plus vive re-
» connaissance.

» Rien, je le constate avec bonheur, n'a pu ébranler la con-
» fiance que, depuis bientôt vingt ans, le peuple français a mise
» en moi. Il apprécie à sa juste valeur les difficultés que nous
» avons eues à surmonter.

» L'insuccès de notre politique, au-delà de l'Océan, n'a pas di-
» minué le prestige de nos armes, car partout le courage de nos
» soldats a vaincu toutes les résistances. Les évènements qui se
» sont accomplis en Allemagne n'ont pas fait sortir notre pays

» d'une attitude digne et calme, et il compte avec raison sur le
» maintien de la paix. Les excitations d'un petit nombre n'ont
» pas fait perdre l'espoir de voir des institutions plus libérales
» s'introduire paisiblement dans les mœurs publiques ; enfin, la
» stagnation momentanée des transactions commerciales n'a pas
» empêché les classes industrielles de me témoigner leurs sym-
» pathies et de compter sur les efforts du Gouvernement, pour
» donner aux affaires une nouvelle impulsion.

» Ces sentiments de confiance et de dévoûment, je les retrouve
» avec plaisir à Amiens, dans ce département de la Somme qui
» m'a toujours montré un sincère attachement, et où un séjour
» de six ans m'a prouvé que le malheur est une bonne école, pour
» apprendre à supporter le fardeau de la puissance et à éviter
» les écueils de la fortune.

» L'Impératrice est bien touchée de la manière dont vous lui
» rappelez sa visite de l'année dernière, mais Elle désire comme
» moi adresser ses remercîments à tous ceux qui, dans les mêmes
» circonstances, ont fait preuve de tant d'abnégation et d'énergie.

» Mon fils sera digne de l'affection dont, de toutes parts, je
» reçois pour lui le témoignage. Il grandira avec la pensée que
» tout doit être sacrifié au bonheur de la Patrie. »

Quand Leurs Majestés, selon leur pieuse habitude, se rendirent à la Cathédrale, l'Evêque d'Amiens, dont tout le monde
connaît la noble et majestueuse physionomie, et dont le discours
suivant prouve l'admirable éloquence, prononça le discours suivant :

« SIRE,

» Quand Mgr de Salinis, de douce mémoire, eut l'honneur de
vous recevoir sous le portique de cette magnifique Eglise, vous
veniez d'épouser l'Impératrice et de vous marier avec la France
devant huit millions de témoins : chers et glorieux souvenirs que
Votre Majesté vient d'évoquer à Lille, et qui, en rappelant à la
France son bonheur et le vôtre, et à l'Eglise tant d'espérances,
ont remué les fibres de tous les cœurs.

» Sire, ces prêtres que j'ai l'honneur de vous présenter ont surtout le droit d'en être émus : car, pour continuer votre gracieuse image, après les huit millions de témoins, vous eussiez pu ajouter : et avec la bénédiction de cinquante mille prêtres. Qui ne sait, en effet, avec quel entrain ils marchaient à la tête de leurs paroisses à ces scrutins si libres et si sincères, qui devaient tirer la France de l'abîme où ceux que vous appeliez les méchants l'avaient plongée ? Pour eux aussi, sans doute, quelques nuages ont pu assombrir l'horizon, mais leur dévoûment est resté inébranlable : trop de paroles rassurantes sont tombées de vos lèvres, et des actes récents viennent d'ajouter encore à leur confiance. Ils sentent que les intérêts suprêmes, qui tiennent le plus à leur cœur, n'ont rien à craindre, puisque Votre Majesté entend toujours les défendre.

» Pélerin à peine revenu de Rome, où cinq cents évêques ont pu se réunir librement autour de leur chef vénéré, que dirai-je, Sire, de mes sentiments personnels, sinon qu'Evêque français, j'étais profondément touché et fier de ce que, même quand son drapeau ne flotte plus à Rome, la seule influence de la France y procure à l'Eglise cette sécurité ? Sire, soyez mille fois béni !

» Mais à vous, Madame, que dire ? que dire qui ne soit au-dessous des sentiments dont tout Amiens est pénétré ? Cette chère ville d'Amiens !... Quel état, et quel état ! Qu'avons-nous vu, et que voyons-nous ? Alors, nos rues étaient désertes et pleuraient sous leurs tentures funèbres, comme les rues de Sion : c'était le silence de la mort, les cloches ne sonnaient plus que des agonies ; même en vous contemplant, les regards étaient attristés !

» Et aujourd'hui, c'est l'ivresse du bonheur ; ces rues, parées des plus riantes couleurs, tressaillent sous les pas des foules qui vous acclament ; les cloches envoient, dans les airs, leurs plus joyeuses volées, et tous les yeux brillent de la joie de vous voir. Et les cœurs, Madame, ah ! les cœurs, comme ils vous aiment et vous bénissent !

» Dans votre gracieux langage, vous appeliez cela aller au

feu, la postérité dira aller à la gloire, et nous, Evêques, nous appelons cela aller au Ciel. Non, ceux qui gagnent les batailles n'ont pas ce courage, et, vous me le pardonnerez, Sire, ils n'ont pas cette gloire.

» Le Ciel ! En attendant la couronne qu'y tressent pour votre tête ces huit filles de la charité, *vos sœurs,* nos martyres de l'Hôtel-Dieu, la récompense de la terre, et certainement la plus douce pour votre cœur de mère, ne vous aura pas manqué. L'ange Raphaël disait à Tobie : « Pendant que tu ensevelissais les morts, ta charité montait vers Dieu, et il m'a envoyé pour guérir et sauver ton fils. » Madame, quand, penchée sur ces couches de douleurs, vous consoliez nos pauvres cholériques, votre héroïque charité montait aussi vers le Ciel, et dans les jours d'épreuve, Dieu vous a envoyé son ange pour guérir et sauver votre Fils.

» Et Dieu le gardera, Madame, pour votre bonheur et le bonheur de la France, cet auguste Enfant, trois fois béni, puisqu'il est votre Fils, le Fils de l'Empereur et le Fils de Celui qui représente sur la terre *le Père qui est aux Cieux.* »

Nous aimons à terminer ce récit par cette page magnifique et qui résume, dans des termes si énergiques et si doux à la fois, les sentiments de la France envers l'Impératrice, envers cette Femme Auguste que l'histoire, dans sa justice, appellera : « UN GRAND HOMME ! »

ANNEXE A.

—

Discours du Maire d'Arras.

« Sire,

» La grande ville où vous allez bientôt porter vos pas, n'est pas la seule à célébrer aujourd'hui l'anniversaire de la réunion à la France de ces provinces qui, de tout temps, lui ont appartenu par les mœurs, la langue et les traditions de leur histoire. Nous aussi, nous avons, dès longtemps, institué des fêtes annuelles, pour rappeler le souvenir de ce glorieux anniversaire, et nous aimons à les voir emprunter aujourd'hui un nouveau lustre à votre présence dans nos murs.

C'est que rentrés des derniers au sein de la grande famille nationale, il n'est pas de contrées plus françaises par les sentiments qui les animent, il n'en est pas surtout qui soient moins capables de séparer l'amour et la pensée de la patrie, de leur attachement à votre personne. Et comment n'en serait-il pas ainsi? Vous n'avez douté ni des forces, ni de la sagesse de la France, soit quand il s'est agi d'aider des peuples amis à défendre leur indépendance ou à la fonder, soit quand, abaissant les barrières qui entravaient encore les échanges sur nos frontières, vous avez imprimé un mouvement plus hardi aux efforts du commerce et de l'industrie nationale ; soit enfin, quand développant progressivement les institutions politiques que vous aviez fondées, vous les avez fait avancer toujours davantage vers l'union désirable et difficile du pouvoir et de la liberté.

La nation vous rend la confiance que vous avez mise en elle, et les années ne *vieillissent* pas son dévoûment, chaque jour entretenu et *rajeuni* par les mesures les plus utiles, dues à votre initiative souveraine, et dont l'acte récent du 15 août sera pour nos campagnes un si précieux témoignage.

» Aussi, naguère encore, au moment où les Souverains de l'Europe entière se pressaient autour de Votre Majesté, dans la capitale transformée et agrandie, les sentiments qui l'animent ont éclaté d'un bout à l'autre de l'Empire, au lendemain des dangers dont la Providence a préservé vos jours.

» Puisse ce spectacle avoir inspiré à ceux qui président aux destinées des peuples, avec le juste sentiment de ses forces, des pensées de concorde à l'égard de notre pays.

» La France est assez grande pour ne se point sentir diminuée, quelque transformation qui s'opère par delà ses limites ; vous l'avez faite assez puissante pour qu'il lui soit permis de souhaiter la paix avec dignité. Ces vœux, nous ne craignons donc pas de les former, car si, ce qu'à Dieu ne plaise, cette paix maintenue grâce à votre modération, encourageait des projets téméraires, nous savons bien que l'honneur du pays ne serait jamais en péril sous le sceptre d'un Napoléon.

» Madame,

» Tous ceux qui ont eu l'honneur d'approcher de Votre Majesté gardent la mémoire de sa gracieuse bienveillance. Les souvenirs et les vœux de cette cité tout entière n'ont jamais cessé de vous accompagner, depuis le jour où vous vous y êtes arrêtée pour la première fois. Ils vous suivaient, quand il y a une année à peine, presqu'à nos portes, vous veniez rassurer par votre présence, des populations que désolait un fléau destructeur.... Nous admirions avec émotion votre courageuse imprudence.

» Mais, Dieu veille sur les princesses qui, de la grandeur souveraine, ne réclament d'autre privilège que celui de braver les périls des plus austères devoirs, et trouvent leur récompense dans les bénédictions des peuples, qui prennent exemple sur leurs vertus.

» Sire, Madame,

» En vous exprimant aujourd'hui les sentiments de respectueuse fidélité qui animent tous les cœurs, dans la vieille cité artésienne, permettez-nous de reporter aussi notre pensée vers ce jeune Prince qui, formé à de tels exemples, digne du nom qu'il porte, continuera les nobles traditions de sa maison.

» Un présent glorieux ne suffit pas à un grand peuple ; il veut un lendemain, et le Prince Impérial c'est l'avenir de la France.

» Vive l'Empereur !
» Vive l'Impératrice !
» Vive le Prince Impérial !

ANNEXE B

Nous pardonnera-t-on de joindre à notre récit un hors-d'œuvre poétique ?

L'Église des Ursulines d'Arras.

A Mlle C. C.

Vous admirez beaucoup cette flèche élancée
Qui semble par le vent sans cesse menacée
Et monte vers le Ciel ses gracieux festons.
Certes, j'admire aussi ses meneaux, ses fleurons,
Sa dentelle, de pierre élevant dans la nue
De ses jours délicats la trame si tenue,
Et prêtant aux rayons du jour ou de la nuit
Des effets de clarté dont le charme séduit.

J'ai rêvé bien souvent, ô vieilles cathédrales,
En voyant s'élancer vos immenses spirales,
Aux ardeurs de la foi qui s'affirmait en vous.
De l'art vous n'êtes pas seulement des bijoux,
Mais les témoins vivants des naïves pensées
Sur vos frontons bénis par nos aïeux tracées.
Nous avons retrouvé leur merveilleux compas,
Mais leurs saintes ferveurs nous ne les avons pas.
Dans nos temples nouveaux, trop remplis de lumière,
Rien ne rappelle assez le sublime mystère.
Tour à tour inondé d'espoir et de terreur
Le pénitent ne peut y recueillir son cœur.

On s'y sent poursuivi par les voix de la terre,
Le monde nous distrait aux pieds du sanctuaire,
Et la pieuse foi, qui guidait nos aïeux,
Comme une flamme éteinte est remontée aux Cieux.
Ils usaient leurs genoux devant les tabernacles,
Leur esprit se plaisait au récit des miracles ;
Pour en perpétuer le touchant souvenir
Quels splendides autels on les a vus bâtir !

Telle fut, dans Arras, une antique chapelle
Vouée au souvenir de la Sainte-Chandelle,
Cierge mystérieux qu'en s'élançant du Ciel
La Vierge descendit sur un divin autel.
Longtemps contre la peste il protégea la ville,
Le vœu qu'on lui faisait ne fut jamais stérile.

Les orages humains éteignirent le feu
De ce cierge béni, qui brûlait au saint lieu.
Voici que maintenant quelques pieuses filles
Que Dieu, comme une dîme, emprunte à nos familles,
Dans les chastes élans de leur dévote ardeur
Ont voulu relever le temple protecteur.

Voilà pourquoi l'on voit, gigantesque chandelle
S'élancer vers les cieux cette flèche nouvelle,
Image de ces cœurs, brûlés du saint amour,
Et qui vont chercher Dieu dans le sacré séjour.